· 100 ·
Ideen

Lunch im Glas

garant

INHALT

VORWORT

Mit dem wachsenden Interesse an der eigenen Ernährung setzt sich ein neuer Trend in der Mittagspause durch: Lunch im Glas heißt er und revolutioniert die Ernährung in der Arbeitswelt. Ob Suppen, Salate, kleine Sattmacher, Müslis, Smoothies, Gebäck oder Desserts – alles kann, in Einmachgläser verpackt, problemlos transportiert werden. Die Alternative zu Kantine oder Fastfood sieht nicht nur sehr gut aus, sie ist auch gesund, individuell und vielseitig variierbar.

Je nach Geschmack, Ernährungsweise und gewünschter Menge kann das leckere Essen im Glas ganz nach Gusto gestaltet werden: Ob kalt oder warm, ob vegetarisch, vegan oder mit Fisch und Fleisch, als 3-Gänge-Menü oder als einfacher Snack für den kleinen Hunger – mit Lunch im Glas bieten sich Ihnen unzählige Möglichkeiten. Was und wie viel Sie in Ihrer Mittagspause essen, steht dabei ganz in Ihrem eigenen Ermessen.

Mit etwas Vorbereitung am Vortag ersparen Sie sich außerdem die unnötige Wartezeit in der Kantine oder im Restaurant. Kein Wunder, dass dieser Trend weltweit immer mehr Anhänger findet! Gut vorbereitet und passend ausgestattet, kann es auch schon losgehen! Ob Suppe oder Eintopf, Salat oder Pasta – Lunch im Glas kann vieles! Vielleicht ein zweites Frühstück mit Porridge und einem Smoothie? Oder ein Salat mit Fisch und als Dessert leckeres Gebäck?

Lassen Sie sich von den Rezepten in diesem Buch anregen und inspirieren. Wenn Sie eine Zutat nicht mögen – kein Problem! Variieren Sie ganz nach Geschmack, Laune und saisonalem Angebot! Lunch im Glas setzt Ihrem Mittagessen (fast) keine Grenzen und ermöglicht Ihnen Ihr ganz persönliches Luncherlebnis!

„Mittagessen to go“

Lunch im Glas heißt der neue Trend, der nicht nur optisch in der Mittagspause neue Akzente setzt. Und das hat seinen Grund, schließlich hat das selbst zubereitete und handlich in Gläser verpackte „Mittagessen to go“ zahlreiche Vorteile: Ob vegetarisch, vegan oder mit Fleisch und Fisch – das Essen entspricht immer Ihrer individuellen Ernährungsweise. Sowohl Art als auch Menge der Mahlzeit richten sich ganz nach Ihrem persönlichen Geschmack! Wollen Sie mittags schlemmen, können Sie in mehreren Gläsern ein 3-Gänge-Menü vorbereiten. Essen Sie mittags lieber weniger, können Sie z. B. nur einen Salat oder eine Suppe im Glas mitnehmen. Mit selbst gemachten Leckerbissen im Glas sind Sie außerdem flexibel, da Sie hierbei unabhängig von Öffnungs- und Wartezeiten in Restaurant, Imbiss oder Kantine genießen können. Da Sie Ihren Lunch im Glas kalt genießen oder nur kurz aufwärmen können, sparen Sie sich beim Mittagessen Zeit und haben mehr Freiraum für andere Dinge.
Mit Lunch im Glas essen Sie kostengünstig und können die Qualität Ihres Essens selbst bestimmen. Da können Kantinen, Imbisse und Restaurants meist nicht mithalten. Probieren Sie's einfach aus und essen Sie in Ihrer Mittagspause individueller, schmackhafter, günstiger und flexibler!

Erfolgsmodell „Lunch to go“

Die Vorteile selbst gekochten Mittagessens liegen auf der Hand. Woher aber kommt dieser neue Trend und was macht ihn so überzeugend? Sein Mittagessen zu Hause selbst zuzubereiten und in die Arbeit mitzunehmen, hat eine lange Tradition. So kochen etwa die Frauen in indischen Großstädten das Mittagessen ihrer Männer morgens vor und lassen die individuell zubereiteten Mahlzeiten ihren Gatten pünktlich zur Mittagspause liefern. Ganze Menüs mit Suppe, Salat, Hauptspeise, Beilagen, Reis und Dessert werden dabei in viele einzelne Blech- oder Aluminiumschalen, sogenannte Dabbas, verpackt. Aufeinandergestapelt und luftdicht verschlossen, ist dieses Metallbehältersystem schon seit Generationen erfolgreich in Gebrauch.

In Japan hingegen bringen sich viele Menschen ihr Mittagessen in Stapelboxen aus Plastik von zu Hause mit. Vielleicht haben Sie ja den Begriff „Bento“ schon einmal gehört? Er bezeichnet im Japanischen einerseits das Essen an sich, andererseits aber auch die Behältnisse, in der es transportiert und gegessen wird. Bento-Boxen wurden ursprünglich aus Bambus und später aus lackiertem Holz gefertigt. Heutzutage gibt es sie vorwiegend aus buntem Kunststoff und teilweise auch aus Blech.
Vergleichbar sind die Box-Systeme aus Asien mit dem sogenannten Henkelmann, in dem auch hierzulande früher häufig das Mittagessen verstaut wurde. Inzwischen ist der Behälter aus Metall bei uns jedoch immer mehr durch das unkomplizierte, schnelle Essen in Kantinen und Fastfood verdrängt worden.

Blech? Alu? Plastik? Glas!

Waren herkömmliche Transportbehältnisse meist noch aus Aluminium, Holz, Blech oder Kunststoff, setzt der neue Lunchtrend nun auf Glas als Verpackung. Aber warum wird das Mittagessen heute mit Vorliebe im Glas serviert? Der erste Grund liegt auf der Hand und sticht wortwörtlich ins Auge: Lunch im Glas macht schon optisch etwas her – und das Auge isst ja bekanntermaßen mit! In Frankreich entdeckte man diesen Aspekt bereits Mitte der 1990er-Jahre. Der Chefkoch und -konditor Philippe Conticini füllte delikate Leckerbissen, kunstvoll für Gaumen und Auge zusammengestellt, in kleine Gläschen. Verrine (zusammengesetzt aus den Französischen Wörtern „verre“ für Glas und „terrine“ für Pastete) nennt sich dieses Essen im Glas und reicht von bunten Vorspeisen über exquisite Beilagen bis hin zu unwiderstehlichen Desserts. Allen gemeinsam ist die Servierart dieser meisterhaft geschichteten Kreationen in hohen Gläsern.

Das Material hat's in sich!

Glas hat neben dem optischen Aspekt gegenüber anderen Verpackungsarten aber auch noch weitere Vorteile. Der vielleicht wichtigste ist, dass Glas ein sehr nachhaltiges Material ist. Es lässt sich nicht nur auswaschen und wiederverwenden, es ist auch zu 100 Prozent wiederverwertbar, denn gebrauchtes Glas kann einfach eingeschmolzen und zu neuem Glas verarbeitet werden – ohne Abfall oder nicht verwertbaren Überschuss! Dabei gibt es weder Verluste bei der Qualität noch bei den positiven Materialeigenschaften. Und positive Eigenschaften, die Glas z. B. von Blech, Aluminium und Kunststoff absetzt, hat es einige! Im Gegensatz zu den meisten anderen Verpackungsmaterialien behält Glas beispielsweise auch bei größerer Wärme- oder Kälteeinwirkung seine Form und ist vollständig dicht. Außerdem nimmt es nicht den Geschmack oder Geruch von Produkten an, mit denen es in Kontakt kommt. Ebenso gibt es selbst keine Geschmacksstoffe an die in ihm gelagerten Lebensmittel ab.

Vorbild: das Einweckglas

Vom Einmachen oder Einwecken her ist Ihnen das luftdichte Verpacken in Gläser sicherlich bereits bekannt. Eingekochtes Obst und Gemüse und sogar Fleisch kann seit Anfang des 20. Jahrhunderts in luftdicht verschließbaren Gläsern problemlos haltbar gemacht werden. Im Glas dehnt sich die Luft nach dem Einkochen aus und ein Überdruck entsteht. Nach dem Abkühlen bildet sich so ein Vakuum im Glas, das die eingemachten Speisen hervorragend konserviert. Der Ausdruck „Einweckglas“ geht auf die Firma J. Weck GmbH & Co. KG zurück. In Öflingen stellte sie Anfang des 20. Jahrhunderts gewindelose Gläser her, in denen Nahrungsmittel durch Einkochen haltbar gemacht werden konnten. Bis heute werden die Behälter nach ihrem ersten Hersteller Einweck- oder einfach nur Weckgläser genannt. Das klassische Einweckglas ist nicht fest mit dem Verschluss verbunden, sondern besteht aus dem Glas, einem Glasdeckel, einem Gummiring sowie abnehmbaren Verschlussspangen aus Metall. Auch der Gummiring wird häufig noch als „Weckgummi“ bezeichnet.

Verschiedene Verschlüsse

Zum Einmachen haben sich in den letzten 100 Jahren Gläser mit verschiedenen Verschlussvarianten entwickelt: Während die einen auf das Glas mit Schraubdeckelverschluss schwören, ziehen die anderen die ursprüngliche Variante mit Gummiring und Federklammern oder einem Drahtbügelverschluss vor. Während der Drahtbügelverschluss fest am Einmachglas angebracht ist, sind die Federklammern oder -spangen nicht mit dem Glas verbunden. Alle drei Möglichkeiten haben sich in der Vergangenheit gleichermaßen bewährt. Wurde das Einweckglas zwischenzeitlich durch Konserven und Tiefkühlkost etwas zurückgedrängt, liegt seit den letzten 20 Jahren aber auch das Einmachen und

Einkochen, z. B. von selbst gemachter Marmelade, wieder immer mehr im Trend. So erhalten Sie die passenden Gläser mittlerweile in unterschiedlichen Formen und Größen in immer mehr Einrichtungshäusern sowie in gut sortierten Super- und Drogeriemärkten.

Welche Gläser eignen sich?

Inzwischen hat das Einmachglas den Sprung vom Vorrats- zum Transportbehälter geschafft. Im Prinzip sind daher für Ihren Lunch im Glas alle Gläser geeignet, die Sie auch zum Einmachen verwenden können. Wichtig sind dabei nur zwei Aspekte: Zum einen muss das Glas luftdicht verschließbar sein, zum anderen sollte die Größe des Glases Ihrem mittäglichen Appetit entsprechen.
So eignen sich kleine Marmeladegläser z. B. allenfalls für kleine Snacks und Desserts, Vorspeisen oder Dressings. Soll es hingegen eine sättigende Mahlzeit sein, z. B. ein Nudelgericht im Glas, benötigen Sie hingegen ein größeres Glas. Bedenken Sie auch, dass in den Gläsern je nach Rezept gegebenenfalls noch Platz zum Durchschütteln der Zutaten oder für das Zufügen von heißem Wasser bleiben muss.

Einmachgläser reinigen

Glas abwaschen und los geht's? So einfach ist das nicht. Denn wer nicht auf absolute Sauberkeit achtet, riskiert, dass sich Bakterien und Keime im Glas ausbreiten. Wie bei der Zubereitung von Marmelade müssen Sie daher auch für Ihren Lunch das Glas, das Sie benutzen wollen, zunächst einmal keimfrei machen. Zum Sterilisieren bieten sich drei Möglichkeiten an. Wenn Sie das Glas – oder gleich mehrere Gläser – etwa zehn Minuten bei 180 °C im Backofen erhitzen, sind alle Keime abgetötet.
Lassen Sie die Gläser einfach im Backofen abkühlen und befüllen Sie sie gleich anschließend. Für die zweite Möglichkeit, Gläser keimfrei zu bekommen, stellen Sie die Gläser in ausreichend Wasser in einen großen Topf und bringen das Wasser auf dem Herd zum Kochen. Kochen Sie die Gläser ungefähr zehn Minuten aus, nehmen Sie sie vorsichtig aus dem Wasser (Vorsicht: Verbrennungsgefahr!) und stellen Sie sie zum Abkühlen auf saubere Küchentücher. Bei der dritten Ste-

rilisierungsvariante stellen Sie die Gläser in die Spüle und übergießen sie zuerst mit warmem und anschließend mit kochendem Wasser. Lassen Sie die Gläser auch hier wieder zehn Minuten stehen. Gießen Sie dann vorsichtig das Wasser ab und lassen Sie die Gläser auf einem sauberen Tuch auskühlen.

Kalte Küche oder vorkochen?

Zwar sparen Sie sich beim Genuss Ihres Lunch-im-Glas-Gerichts viel Zeit, dafür müssen Sie für die Vorbereitung jedoch etwas davon investieren. Die meisten Lunch-im-Glas-Fans machen dies bereits am Vortag. Viele Bestandteile müssen Sie aber nicht jeden Tag extra vorbereiten. Fast alles lässt sich in größeren Mengen zubereiten und einige Tage im Kühlschrank aufbewahren. Wenn Sie beispielsweise einen Kopf Salat waschen, können Sie die Blätter anschließend, luftdicht verpackt, problemlos über mehrere Tage aufbewahren und in kleinen Mengen nach und nach aufbrauchen. Rohkost waschen Sie hingegen am besten am Tag vor dem Verzehr. Dressings können Sie entweder separat mitnehmen oder Sie rühren sie gleich im Glas an, da das Dressing die unterste Schicht bilden sollte. Suppen und Eintöpfe können Sie, um Zeit zu sparen und den Aufwand zu minimieren, gleich für mehrere Tage vorkochen. Gut im Glas verschlossen und im Kühlschrank kalt gelagert, halten sie sich mehrere Tage. Daher eignen sie sich gut, um sie abwechselnd zu anderen Gerichten im Lauf einer Arbeitswoche mitzunehmen.
Stärker variieren können Sie z. B. mit Nudeln und Reis. Jeden Tag eine andere Soße oder zur Abwechslung auch mal ein grünes oder rotes Pesto? Zum Reis heute Gemüse, morgen Fleisch und übermorgen Fisch? Die sogenannten Sättigungsbeilagen sind im gekochten Zustand zwar nur begrenzt haltbar, entsprechend gelagert, überdauern sie eine Arbeitswoche aber problemlos.

Schicht für Schicht

Viele Lunch-im-Glas-Gerichte sind nicht nur geschmacklich, sondern auch optisch eine Bereicherung für jeden Mittagstisch. Besonders ansprechend sind geschichtete Speisen. Hierbei sollte jedoch eine bestimmte Reihenfolge eingehalten werden, denn nicht alles, was gut aussieht, macht auch geschmacklich Sinn. Prinzipiell gilt: je leichter, desto höher und je schwerer, desto tiefer schichten!

Bis auf einige Ausnahmen sollten Sie außerdem die Salat- oder Nudelsoße zuerst ins Glas füllen. So weichen die restlichen Bestandteile im Glas nicht auf und bleiben bis zur Mittagspause knackig. Erst kurz vor dem Verzehr schütteln Sie das Glas, um die Zutaten mit Soße oder Dressing zu vermischen. Auf die Soße schichten Sie dann all jene Zutaten, die das Dressing nicht oder nur wenig aufsaugen. Bei einem Salat sind das beispielsweise Bohnen, Karotten oder Gurken. Blattsalat weicht am leichtesten auf und sollte daher zuletzt ganz oben ins Glas geschichtet werden. Das Gleiche gilt in der Regel für Kräuter. Wer sichergehen möchte, dass sich Soße oder Dressing nicht schon beim Transport mit den anderen Zutaten vermischen, kann diese Zutaten auch in einem separaten kleinen Glas mitnehmen und vor dem Mittagessen über die restlichen Zutaten im großen Glas geben.
Folgende Reihenfolge empfiehlt sich beim Schichten, damit die einzelnen Zutaten bis zum Verzehr keinen Schaden nehmen:

Erste Schicht: Marinade, Dressing oder Soße
Zweite Schicht: schwere Zutaten wie Avocados, Cocktailtomaten, Gurken, Hülsenfrüchte, Kartoffeln, Möhren und Nudeln
Dritte Schicht: leichte Zutaten wie Couscous, Quinoa, Erbsen, Tomaten und Zwiebeln
Vierte Schicht: Toppings wie z. B. Nüsse, Sprossen, Kräuter und Salatblätter

Bei anderen Gerichten können Sie kreativer schichten. Wenn Sie Freude daran haben, sind Ihren Ideen hierbei keine Grenzen gesetzt. Soßenschicht, Nudelschicht, Parmesanschicht, Basilikumschicht finden Sie langweilig? Dann wechseln Sie doch einfach zwischen mehreren kleineren Schichten von Nudeln und Parmesan ab! Wichtig ist nur, dass die Soße ganz nach unten und das Basilikum ganz oben ins Glas kommt.
Das zweite wichtige Prinzip beim Lunch im Glas lautet: Je weniger Luft sich im Glas befindet, desto haltbarer sind die Speisen darin. Schichten Sie daher möglichst kompakt, denn so halten Sie die Luft draußen und schaffen zusätzlich Stabilität. Denn lockere Schichten können beim Transport leicht durcheinandergeraten. Manchmal ist dies nur ein optischer Makel, aber wenn beispielsweise der Salat zu früh mit dem Dressing in Berührung kommt, werden die Blätter schnell welk und unappetitlich.

Ausnahmen beim Schichten

Eine Ausnahme beim Schichten bilden Gerichte mit Quinoa, Bulgur oder Couscous. Im Gegensatz zu empfindlichen Salatblättern werden diese Samen- und Getreidesorten besonders schmackhaft, wenn sie länger in Dressings und Soßen durchziehen. Beim Füllen Ihres Glases sollten Quinoa, Bulgur oder Couscous daher an erster Stelle kommen und danach erst mit Soßen oder Dressings übergossen werden. Das gilt auch für süße Getreidemahlzeiten, die, mit kalter oder heißer Milch aufgegossen, am besten über Nacht einweichen und quellen können. Am Morgen dann noch schnell ein paar Gewürze wie etwa Vanille und Zimt dazu, ein Löffel Honig, Nüsse und Früchte – und Ihr süßer Lunch im Glas ist fertig zum Mitnehmen.

Bewährte Küchenhelfer

Mit kleinen Küchenhelfern können Sie Ihren Lunch im Glas noch attraktiver machen. So können Sie z. B. mithilfe eines Spiralschneiders dekorative „Gurkennudeln“ kreieren, Sellerie wirkt fein geraspelt wie eine hübsche Schneeschicht, und Soßen, Suppen und Cremes bilden mithilfe eines Stabmixers eine gleichmäßig sämige Masse. Für Smoothies im Glas hingegen empfiehlt sich ein Standmixer, in dem die einzelnen Zutaten schnell und spritzerfrei zu einer homogenen sämigen Flüssigkeit verarbeitet werden können. Was sich im ersten Moment nach viel Arbeit anhört, ist den Aufwand auf jeden Fall wert. Das Ergebnis ist ein echter Hingucker und macht Lust auf mehr!

Sicher transportieren

Nicht nur die richtige Vorbereitung und Schichtung der Zutaten ist wichtig, damit der Lunch im Glas zu einem wahren Genuss wird. Auch die Aufbewahrung bis zum Verzehr spielt hier eine bedeutende Rolle. Stellen Sie Ihren Lunch im Glas daher über Nacht in den Kühlschrank. So bleibt alles schön frisch. Am nächsten Morgen nehmen Sie das Gericht aus dem Kühlschrank und prüfen Sie nochmals, ob der Verschluss wirklich dicht hält, bevor Sie das Glas zum Mitnehmen verpacken. Ihr Mittagessen soll schließlich im Glas bleiben und sich nicht in Ihrer Tasche ausbreiten! Wer ganz sichergehen möchte, verpackt sein Lunch im

Glas daher noch einmal zusätzlich, z. B. in einer gut zugebundenen Plastiktüte. Empfehlenswert ist es, die Gläser, getrennt von anderen Utensilien, in eine separate Transportmöglichkeit, z. B. einen Stoffbeutel, zu packen. Wenn Sie mehrere Gläser mitnehmen wollen, ist ein Korb gut geeignet. Sie können die Gläser aber auch in einem festeren Pappkarton in den Stoffbeutel stellen und erhalten so mehr Stabilität.

Kühl lagern – warm essen

Stellen Sie die Gläser nach geglücktem Transport möglichst auch im Büro bis zur Mittagspause kühl. Auch Speisen, die Sie am nächsten Tag warm essen wollen, sollten Sie möglichst kühl lagern. In der Mittagspause müssen Sie dann nicht mehr viel tun. Kalte Speisen wie etwa Salat sind besonders schnell fertig. Schütteln Sie das Glas bei verschlossenem Deckel einfach gut durch, und schon können Sie Ihren Salat mit einer Gabel direkt aus dem Glas genießen. Für ein warmes Mittagessen stehen Ihnen mehrere Möglichkeiten zum Aufwärmen zur Verfügung. Einige Lunch-im-Glas-Rezepte sind so ausgerichtet, dass sie ganz einfach durch die Zugabe von heißem Wasser warm werden. Das funktioniert bei Suppen und Nudeln in der Regel sehr gut. Mit einem Wasserkocher können Sie die benötige Wassermenge schnell aufkochen und in Ihr Glas schütten. Danach einfach mit einer Gabel oder einem Löffel gut durchrühren, und im Nu ist Ihr Lunch im Glas verzehrfertig.
Noch einfacher und mindestens genauso schnell ist das Erhitzen in der Mikrowelle. Hierzu eignen sich Schraubdeckelgefäße oder Gläser mit abnehmbaren Metallklammern, da man die Metallteile problemlos entfernen kann, bevor man die Gläser in die Mikrowelle stellt. Wenn in Ihrem Büro keine Mikrowelle vorhanden ist oder Sie ein Bügelverschlussglas verwenden, können Sie Ihren Lunch im Glas alternativ auch im Wasserbad auf die gewünschte Temperatur bringen. Das dauert zwar länger als in der Mikrowelle, ist aber auch schonender für Ihr Essen.
Seien Sie jedoch vorsichtig bei der Entnahme! Wie in der Mikrowelle nimmt das Glas auch im Wasserbad Wärme auf, sodass Sie es nicht mit bloßen Händen anfassen sollten, um sich nicht zu verbrennen. Rühren Sie Ihren Lunch im offenen Glas während des Erwärmens immer wieder um. Wenn er schließlich die richtige

Temperatur hat, nehmen Sie das Glas mit einem Küchentuch aus dem Topf und trocknen Sie es von außen ab.

Vor dem Essen

Am besten schütteln Sie das Glas noch mit verschlossenem Deckel vor dem Erwärmen – je nach Rezept vorsichtiger oder kräftiger! Eine warme Soße verteilt sich zwar besser über das Essen, aber das warm-feuchte Glas lässt sich nicht mehr so gut schütteln. Wem das zu umständlich ist oder wer nicht direkt aus dem Glas essen will, für den gibt es eine andere Möglichkeit: Füllen Sie den Inhalt Ihres Glases nach dem Erwärmen einfach in einen tiefen Teller oder eine Schüssel um. Das geht übrigens auch sehr gut mit kalten Speisen wie etwa Salat. Bedenken Sie jedoch, dass Sie in diesem Fall, soweit nicht vorhanden, einen zusätzlichen Teller mitnehmen müssen und somit auch mehr Geschirr zum Abwaschen haben.

Lunch im Glas macht Schule

Inzwischen wird in Gläsern transportiertes Essen ganz allgemein als „Lunch im Glas“ bezeichnet. Dabei muss das Essen im Glas aber nicht immer nur aufs Mittagessen beschränkt sein! Durch seine Vielseitigkeit und den leichten Transport eignet es sich z. B. auch als abwechslungsreicher Pausenbrotersatz für Schulkinder oder als Hingucker beim nächsten Picknick. Wie wäre es z. B. mit einem Reiseproviant
im Glas oder einem dekorativ in ein Glas verpacktes Mitbringsel für die die nächste Party? Je nach Situation sollten Sie dabei im Voraus planen, was Sie mitnehmen wollen. So eignen sich für die Schule, fürs Picknick oder für Reisen Gerichte, die kalt verzehrt werden, da hier in der Regel keine Möglichkeit besteht, das Essen zu erhitzen. Für Salate im Glas bietet es sich z. B. an, Dressings separat mitzunehmen, damit empfindliche Zutaten nicht durchweichen. Da in einigen Situationen keine Servieralternative mit Tellern besteht, sollten Sie hierbei auch darauf achten, dass die Gläser nicht randhoch gefüllt sind und genügend Platz zum Schütteln oder Umrühren bleibt. Denken Sie auch daran, Besteck einzupacken, falls es am Ort des Verzehrs nicht vorhanden ist.

Suppen und Eintöpfe

GAZPACHO

Zutaten für 3 Portionen

½ Salatgurke, 1 Paprikaschote, 1 Knoblauchzehe, 1 Zwiebel, 1 Chilischote, 250 g Tomaten, 3 EL Öl, 2 EL Rotweinessig, Salz, frisch gemahlener Pfeffer, Zucker, Schnittlauchröllchen für die Garnitur

Zubereitung *ca. 20 Min.*
Kühlzeit *ca. 30 Min.*

1. Gurke, Paprikaschote, Knoblauch und Zwiebel schälen und in Würfel schneiden. Chilischote waschen, entkernen und ebenfalls würfeln. Tomaten waschen, Stielansatz herausschneiden und Tomaten zerkleinern.

2. Gurke, Paprika und Tomaten mischen. Zusammen mit Chili, Zwiebel und Knoblauch im Mixer gut pürieren. Mit Öl, Essig, Salz, Pfeffer und 1 Prise Zucker abschmecken.

3. Ca. 30 Minuten im Tiefkühlfach kalt stellen. Nochmals durchmixen und bei Bedarf nachwürzen. Suppe in Schraubdeckelgläser abfüllen und mit Schnittlauchröllchen garnieren. Kalt genießen.

Tipp Nach Geschmack können Sie die Suppe mit mediterranen Kräutern wie Oregano, Basilikum oder Rosmarin variieren.

KÜRBISCREMESUPPE, IN GLÄSER EINGEKOCHT

Zutaten für 6 Portionen

1 Stange Lauch,
1 Zwiebel, etwas Butter,
1 kg Kürbisfleisch,
1 l Gemüsebrühe,
400 ml Kokosmilch,
Cayennepfeffer

Zubereitung *ca. 1 Std. und 30 Min.*

1. Lauch waschen und in Ringe schneiden. Zwiebel würfeln und zusammen mit dem Lauch in einer Pfanne in zerlassener Butter andünsten.

2. Backofen auf 175 °C (Umluft: 155 °C) vorheizen. Kürbisfleisch in Würfel schneiden und in einen großen Topf geben. Lauch und Zwiebel zugeben und Gemüsebrühe zugießen. Aufkochen und ca. 20–30 Minuten weiterköcheln lassen. Gemüse pürieren und in sterilisierte Gläser mit Twist-off-Deckeln füllen.

3. Eine Fettpfanne ca. 2 Zentimeter hoch mit heißem Wasser füllen, Gläser mit Abstand zueinander hineinstellen und in die unterste Schiene des vorgeheizten Backofens schieben.

4. Wenn in den Gläsern Blasen aufsteigen, Backofentemperatur auf 150 °C (Umluft: 130 °C) reduzieren und ca. 30 Minuten einkochen lassen. Im Backofen abkühlen lassen.

5. Vor dem Verzehr Kokosmilch einrühren, kurz erwärmen (z. B. im Wasserbad) und mit Cayennepfeffer abschmecken.

KALTE TOMATENSUPPE

Zutaten für 4 Portionen

1 kg Tomaten, 1 rote Peperoni,
1 Knoblauchzehe,
2 Schalotten, 2 EL Olivenöl,
Zucker, 2 EL Tomatenmark,
400 ml Gemüsebrühe, 5 EL Rotwein,
1 TL getrockneter Oregano,
Salz, frisch gemahlener Pfeffer

Zubereitung *ca. 40 Min.*

1. Tomaten überbrühen, häuten und vierteln. Peperoni waschen, der Länge nach aufschneiden, entkernen und fein hacken.

2. Knoblauch und Schalotten schälen, fein hacken und in heißem Öl anschwitzen. Peperoni und Tomaten zugeben und ca. 5 Minuten mitdünsten. Zucker und Tomatenmark einrühren, Brühe und Rotwein zugießen. Mit Salz, Pfeffer und Oregano abschmecken und ca. 20 Minuten köcheln lassen.

3. Suppe pürieren, durch ein Sieb passieren und nochmals mit Salz und Pfeffern abschmecken. In sterilisierte Gläser füllen, abkuhlen lassen und kalt genießen.

Tipp Mit einem Basilikumblatt dekoriert, ist die Tomatensuppe auch optisch ein Genuss. Wer es pikanter schätzt, streut Kapern und Olivenstückchen darüber.

Würzige Aufstriche

Zur Mittagssuppe passt ein gutes Stück frisches Brot. Ist noch welches übrig und noch Appetit vorhanden? Wie wäre es dann mit einem herzhaften Aufstrich aus dem Glas?

Hühnerleberpastete

Für 6 Portionen: 300 Gramm Hühnerleber waschen, Fett entfernen und Leber in einer heißen Pfanne mit etwas Öl und Butter anbraten, sodass die Leber innen noch rosa ist. Mit je 1 Teelöffel Majoran und Thymian sowie etwas Salz und Pfeffer würzen, kurz ziehen lassen und mit 60 Millilitern Sherry oder Portwein ablöschen. Einreduzieren und lauwarm abkühlen lassen. Mit 250 Gramm weicher Butter mit dem Pürierstab verrühren und mindestens 2–3 Stunden im Kühlschrank kalt stellen.

Champignon-Aufstrich

Für 4 Portionen: 1 Schalotte schälen und fein würfeln. 300 g braune Champignons putzen und ebenfalls fein würfeln. 5 Stängel Petersilie und 3 Stängel Thymian waschen, trocken schütteln, Blättchen abzupfen und getrennt fein hacken. Schalotte in 1–2 Esslöffeln Öl anbraten, Champignons und Thymian zugeben und bei hoher Hitze weiterbraten, bis die Flüssigkeit verdampft ist. Mischung mit 2 Esslöffeln Walnusskernen und 3 Esslöffeln Olivenöl pürieren, salzen, pfeffern und Petersilie untermischen.

Feta-Basilikum-Aufstrich

Für 4 Portionen: 2 Knoblauchzehen schälen und grob hacken. 1 Handvoll Basilikum waschen, trocken schütteln und Blättchen abzupfen. 100 Gramm Feta zerbröckeln und mit Basilikum, Knoblauch und 2 Esslöffeln Olivenöl im Mixer pürieren. 200 Gramm griechischen Joghurt unterrühren. Mit Salz, Pfeffer und 1 Teelöffel Zitronensaft abschmecken.

Zucchini-Aufstrich

Für 4 Portionen: 2 kleine Zucchini waschen, fein raspeln und mit etwas Salz mischen. Ca. 10 Minuten ziehen lassen und gut ausdrücken. 1 Knoblauchzehe und 1 Schalotte schälen, fein hacken und in 2 Esslöffeln Öl andünsten, Zucchini zugeben, andünsten und abkühlen lassen. 2 hart gekochte Eier schälen, sehr fein hacken und mit 3 Esslöffeln Crème fraîche in die Zucchinimischung rühren. Mit Salz und Pfeffer abschmecken.

KALTE JOGHURTSUPPE MIT GURKE

Zutaten für 4 Portionen

1 Salatgurke, Salz,
3 Radieschen,
500 g Naturjoghurt,
1 EL gehackter Dill und
einige Fähnchen Dill für die Garnitur,
1 EL frisch gepresster Zitronensaft,
2 EL Olivenöl,
frisch gemahlener Pfeffer,
4 EL gehackte Walnusskerne

Zubereitung *ca. 20 Min.*
Kühlzeit *ca. 30 Min.*

1. Gurke schälen, längs halbieren, mit einem Löffel entkernen und Gurke fein reiben. Mit etwas Salz bestreut ca. 10 Minuten ruhen lassen. Radieschen waschen und fein reiben. Ebenfalls mit etwas Salz bestreuen und durchziehen lassen.

2. Joghurt mit Dill, Zitronensaft und Olivenöl mischen. Radieschen und Gurke abtropfen lassen und unter den Joghurt mengen. 50 Milliliter Wasser gut unterrühren und alles mit Salz und Pfeffer abschmecken.

3. Suppe mindestens 30 Minuten im Kühlschrank kalt stellen. In Gläser füllen und mit Dillzweigen garnieren. Mit Walnusskernen bestreut kalt genießen.

SÜSSKARTOFFEL-SUPPE

Zutaten für 4 Portionen

2 Süßkartoffeln, 30 g getrocknete Tomaten,
2 Zwiebeln, 2 Knoblauchzehen,
1 unbehandelte Zitrone,
2 EL Öl, 800 ml Gemüsebrühe,
1 Msp. gemahlener Koriander,
Salz, frisch gemahlener Pfeffer

Zubereitung *ca. 40 Min.*
Kühlzeit *ca. 1 Std.*

1. Süßkartoffeln schälen und in ca. 1 Zentimeter große Stücke schneiden. Tomaten in Streifen schneiden. Zwiebeln schälen und würfeln. Knoblauch schälen und grob hacken.

2. Zitrone heiß abwaschen, trocken reiben und Hälfte der Schale fein abreiben. Andere Hälfte auspressen.

3. Öl in einem Topf erhitzen, Knoblauch und Zwiebeln darin leicht andünsten. Süßkartoffeln, Tomaten, abgeriebene Zitronenschale, Gemüsebrühe und Koriander zufügen und kurz aufkochen. Bei geringer Hitze ca. 20 Minuten zugedeckt weitergaren.

4. Suppe pürieren, mit Salz, Pfeffer und Zitronensaft abschmecken und ca. 1 Stunde abkühlen lassen. Suppe in sterilisierte Einmachgläser abfüllen und bis zum Verzehr kalt stellen.

LEICHTE SPINATSUPPE

Zutaten für 4 Portionen (kleine Gläser)

400 g junger Blattspinat,
1 TL Natron, 750 ml Gemüsebrühe,
1 EL Speisestärke, 200 ml Milch,
Salz, frisch gemahlener Pfeffer,
etwas frisch geriebener Muskat

Zubereitung *ca. 35 Min.*

1. Spinat mehrmals sorgfältig waschen und grob zerkleinern. Mit Natron und Brühe in einem großen Topf ca. 10 Minuten leicht köcheln lassen.

2. Speisestärke mit einem Drittel der Milch glatt rühren. Stärkemischung und restliche Milch zur Suppe geben. Gut unterrühren und andicken lassen.

3. Suppe pürieren und mit Salz, Pfeffer und Muskat abschmecken. In sterilisierte Gläser füllen. Vor dem Essen kurz aufwärmen (z. B. im Wasserbad).

Tipp Dazu passen selbst gemachte Croûtons: 2 Scheiben Toastbrot würfeln und mit 2 Esslöffeln Butter in einer Pfanne rösten, bis es knusprig ist. Abkühlen lassen, in ein Glas oder eine Dose füllen und vor der Mahlzeit zur Suppe geben.

FEINE ERBSENSUPPE

Zutaten für 4 Portionen

2 Zwiebeln,
20 g Butter,
400 g grüne Erbsen,
800 ml Gemüsebrühe,
125 g Sahne, Salz,
frisch gemahlener Pfeffer,
Radieschenscheiben, rote und schwarze
Pfefferkörner für die Garnitur

Zubereitung *ca. 35 Min.*

1. Zwiebeln schälen und in Würfel schneiden. In einem Topf Butter bei geringer Hitze schmelzen lassen. Zwiebeln zugeben und unter ständigem Rühren hell anschwitzen.

2. Erbsen zugeben und unter ständigem Rühren erwärmen, bis sie zu duften beginnen. Gemüsebrühe zufügen. Aufkochen und ca. 8–10 Minuten weiter köcheln lassen, bis die Erbsen fast gar sind.

3. Suppe im Topf fein pürieren. Sahne unterrühren und erneut erhitzen. Suppe mit Salz und Pfeffer abschmecken und in sterilisierte Gläser füllen.

4. Vor dem Verzehr kurz erhitzen (z. B. im Wasserbad). Mit Radieschenscheiben und Pfefferkörnern garnieren.

LETSCHO ZUM EINWECKEN

Zutaten für 10 Gläser à 300 ml

2 kg helle Spitzpaprikaschoten,
3 Zwiebeln, 4 EL Öl,
1,2 kg Tomaten (Dose),
Salz, frisch gemahlener Pfeffer

Zubereitung *ca. 1 Std. und 10 Min.*

1. Paprikaschoten waschen und trocken reiben. Kerne entfernen und Fruchtfleisch in Würfel oder kleine Streifen schneiden. Zwiebeln schälen und fein würfeln.

2. In einem großen Topf 2 Esslöffel Öl erhitzen, Paprika portionsweise einige Minuten darin anbraten, bis sie beginnen zu duften und Farbe zu bekommen. Herausnehmen und beiseitestellen.

3. Restliches Öl in den Topf geben und erwärmen, Zwiebeln zugeben und langsam im Öl andünsten. Tomaten zufügen und mit einem Kartoffelstampfer zerkleinern. Mit Salz und Pfeffer abschmecken und ca. 10 Minuten köcheln lassen. Paprika untermischen und einmal aufkochen lassen.

4. Letscho in sterilisierte Schraubdeckelgläser füllen. Gläser in einen großen Topf stellen. So viel heißes Wasser hineingießen, dass die Gläser mindestens zu drei Vierteln im Wasser stehen. Wasser zum Kochen bringen, Temperatur reduzieren und Letscho ca. 30 Minuten einkochen.

5. Gläser vorsichtig herausnehmen und abkühlen lassen. Das Letscho ist, kühl gelagert, bis zu 1 Jahr haltbar. Vor dem Essen kurz aufwärmen (z. B. in der Mikrowelle).

CHILI CON CARNE, EINGEWECKT

Zutaten für ca. 12 Gläser à 300 ml

2 gelbe Paprikaschoten, 2 Chilischoten,
2 mittelgroße Zwiebeln, 4 EL Olivenöl,
1 kg Rinderhackfleisch, Salz, frisch gemahlener Pfeffer,
3 Knoblauchzehen, 1 Lorbeerblatt, 1 EL gemahlener Kreuzkümmel,
250 ml Kaffee, 300 ml Gemüsebrühe, 1 EL Zucker,
1 Dose Kidneybohnen (800 ml), 800 g geschälte Tomaten (Dose)

Zubereitung *ca. 3 Std. und 30 Min.*

1. Paprikaschoten waschen, entkernen und klein schneiden. Chilischoten waschen, entkernen und ebenfalls zerkleinern.

2. Zwiebeln schälen, fein würfeln und in einem großen Topf mit Olivenöl leicht anbraten. Hackfleisch zugeben, salzen, pfeffern und kräftig anbraten. Knoblauch schälen, pressen und mit dem Fleisch anschwitzen. Lorbeerblatt und Kreuzkümmel zugeben. Mit Kaffee und Brühe ablöschen, mit Zucker abschmecken und bei kleiner Hitze köcheln lassen.

3. Kidneybohnen abgießen, kurz abspülen und zugeben. Tomaten über einem Sieb abgießen, aufgefangenen Tomatensaft zum Fleisch geben. Tomaten klein schneiden, mit Paprika und Chili zugeben. Ca. 15 Minuten köcheln lassen. Lorbeerblatt entfernen. Backofen auf 100 °C (Umluft: 80 °C) vorheizen.

4. Chili con Carne heiß in sterilisierte Gläser füllen und gut verschließen. Im Wasserbad im vorgeheizten Backofen ca. 1 Stunde und 20 Minuten einkochen. Zur besseren Haltbarmachung das Einkochen im Backofen nach ca. 24 Stunden wiederholen. Vor dem Genießen kurz erwärmen (z. B. in der Mikrowelle).

Chili
con carne

SUPPE MIT FILET UND GNOCCHI

Zutaten für 2 Gläser à 300 ml

80 g Rinderfilet,
30 g Staudensellerie,
1 kleine Möhre,
80 g Gnocchi (Kühlregal),
1 TL gekörnte Fleischbrühe,
Salz, frisch gemahlener Pfeffer,
etwas frisch geriebener Muskat,
2 Zweige Thymian,
¼ Bund Schnittlauch

Zubereitung *ca. 25 Min.*
Ruhezeit *ca. 12 Std.*

1. Filet in hauchdünne Streifen schneiden. Sellerie waschen. Möhre schälen. Sellerie und Möhre in feine, 3 Zentimeter lange Streifen schneiden. Gnocchi in dünne Scheiben schneiden.

2. Sellerie und Möhre nacheinander in die Gläser füllen, Fleisch und Gnocchi darüberschichten. Mit Brühepulver bestreuen und sparsam mit Salz, Pfeffer und Muskat würzen. Thymian waschen, trocken schütteln und abrebeln. Schnittlauch waschen, trocken schütteln und in Ringe schneiden. Kräuter zu den übrigen Zutaten geben. Gläser verschließen und über Nacht in den Kühlschrank stellen.

3. Vor der Mahlzeit 250 Milliliter Wasser aufkochen und noch sprudelnd auf die Gläser verteilen. Gläser wieder verschließen und Suppe ca. 5 Minuten ziehen lassen. Dabei immer wieder kräftig schwenken, damit sich alles gut vermischt.

COUSCOUS-GEMÜSE-SUPPE

Zutaten für 1 Glas à 500 ml

*50 g Brokkoli, 1 Möhre, 50 g Sellerie,
1 Frühlingszwiebel, Salz,
30 g Couscous,
1 TL gekörnte Gemüsebrühe,
frisch gemahlener Pfeffer,
Currypulver, Rosenpaprikapulver*

Zubereitung *ca. 30 Min.*

1. Brokkoli waschen und in kleine Röschen teilen. Möhre und Sellerie schälen und fein würfeln. Frühlingszwiebel waschen und in Ringe schneiden.

2. Möhre und Sellerie in ausreichend Salzwasser kochen. Nach ca. 3 Minuten Brokkoli und Lauch zugeben und ca. 2 Minuten weitergaren. Gemüse über einem Sieb abgießen.

3. Couscous, Gemüse, Brühepulver und je 1 Prise Pfeffer, Curry- und Paprikapulver in ein Einweckglas schichten.

4. Vor dem Essen ca. 300 Milliliter kochendes Wasser in das Glas gießen und alles ca. 5 Minuten ziehen lassen. Vor dem Essen gut umrühren.

Vegetarische Salate

CAPRESE

Zutaten für 2 Portionen

150 g Mini-Mozzarellakugeln,
75 ml Olivenöl,
Salz, frisch gemahlener Pfeffer,
200 g Kirschtomaten,
80 g schwarze Oliven,
1 Bund Basilikum,
Salz

Zubereitung *ca. 10 Min.*
Ruhezeit *ca. 12 Std.*

1. Mozzarella über einem Sieb gut abtropfen lassen, dabei Salzlake auffangen. 4 Esslöffel Lake, Öl, etwas Salz, Pfeffer und Mozzarella mischen. Über Nacht im Kühlschrank ziehen lassen.

2. Kirschtomaten waschen. Oliven abtropfen lassen, Basilikum waschen, trocken schütteln und Blättchen abzupfen. Tomaten, Oliven und Basilikum mit dem Mozzarella vermischen und Caprese in Schraubdeckelgläser füllen.

Tipp Im Kühlschrank hält sich der Salat ca. 2 Tage frisch, der Mozzarella wird dabei aber weicher. Vor dem Verzehr rechtzeitig aus dem Kühlschrank nehmen, das Aroma ist dann besser.

COUSCOUSSALAT MIT TOMATE UND GURKE

Zutaten für 2 Portionen

80 g Couscous,
150 ml Gemüsebrühe,
3 EL Olivenöl,
2 EL Limettensaft,
1 Msp. gemahlener Kreuzkümmel,
Salz, frisch gemahlener Pfeffer,
200 g Salatgurke,
1 Tomate,
3 Stängel Minze

Zubereitung *ca. 20 Min.*

1. Couscous in einer Schüssel mit heißer Gemüsebrühe aufgießen. Je 1 Esslöffel Öl und Limettensaft, Kreuzkümmel, Salz und Pfeffer untermischen und ca. 5 Minuten quellen lassen.

2. Gurke und Tomate waschen, fein würfeln, mit restlichem Öl und Limettensaft verrühren und mit Salz und Pfeffer würzen.

3. Minze waschen und trocken schütteln. Einige Blätter abzupfen und für die Garnitur beiseitestellen, übrige Blätter fein hacken.

4. Gehackte Minze unter das Couscous rühren und mit Salz und Pfeffer abschmecken. Couscous mit Gurke und Tomate mischen, in Schraubdeckelgläser füllen und mit Minze garnieren.

MEXIKANISCHER QUINOASALAT

Zutaten für 4 Portionen

125 g Quinoa, 300 ml Gemüsebrühe, 200 g Kirschtomaten, 2 reife Avocados, 3 TL Zitronensaft, 1 kleine Dose Mais, 1 kleine Dose Kidneybohnen, 2 TL mittelscharfer Senf, 1 EL heller Balsamico, Zucker, Salz, frisch gemahlener Pfeffer, 4 EL Olivenöl, 2 EL gehackte Petersilie

Zubereitung *ca. 25 Min.*

Ruhezeit *ca. 35 Min.*

1. Quinoa in einem feinmaschigen Sieb gut unter warmem Wasser abspülen und abtropfen lassen. Mit Brühe in einen Topf geben und aufkochen lassen.

2. Bei niedriger Hitze ca. 15 Minuten weich kochen. Durchrühren und halb abgedeckt ca. 10–15 Minuten quellen lassen. Erneut durchrühren und ohne Deckel vollständig auskühlen lassen.

3. Kirschtomaten waschen und klein schneiden. Avocados halbieren, Kerne entfernen, schälen und Fruchtfleisch in Stücke schneiden. Mit 2 Teelöffeln Zitronensaft beträufeln. Mais und Bohnen abtropfen lassen.

4. Aus Senf, Balsamico, restlichem Zitronensaft und je 1 Prise Zucker, Salz und Pfeffer eine Marinade herstellen, Olivenöl gut unterrühren.

5. Quinoa mit Gemüse und Petersilie mischen und in sterilisierte Gläser füllen. Marinade zugeben. Vor dem Verzehren mindestens 20 Minuten durchziehen lassen und Zutaten durch vorsichtiges Schütteln vermischen.

GEMÜSE-SCHICHTSALAT

Zutaten für 4 Portionen

200 g Rote Bete (Glas),
1 Dose Mais,
200 g Möhren,
1 Handvoll junger Spinat,
1 Handvoll Rauke,
5 Radieschen,
200 g rote und gelbe Kirschtomaten,
150 g Vollmilchjoghurt,
200 g Mayonnaise,
2 EL heller Balsamico,
2 TL geriebener Meerrettich, Salz,
frisch gemahlener Pfeffer, Zucker

Zubereitung *ca. 15 Min.*

1. Rote Bete abtropfen lassen und in Streifen schneiden. Mais abtropfen lassen. Möhren schälen und in dünne Streifen schneiden. Rauke und Spinat waschen und trocken schleudern. Radieschen waschen und in Scheiben schneiden. Tomaten waschen und halbieren.

2. Salat in vier Gläser schichten: erst Rauke, dann Möhren, Mais und Radieschen, zuletzt Rote Bete, Spinat und Tomaten.

3. Joghurt, Mayonnaise, Balsamico und Meerrettich verrühren und mit Salz, Pfeffer und etwas Zucker kräftig abschmecken. Dressing separat in ein Glas füllen und vor dem Essen mit dem Salat vermischen.

KÄSE-SALAT IM GLÄSCHEN

Zutaten für 4 Portionen

2 EL gehackte Walnüsse,
1 Paprikaschote,
1 Zwiebel,
250 g Hartkäse (z. B. Emmentaler),
30 entsteinte schwarze Oliven,
3 EL Weißweinessig,
1 TL Senf,
4 EL Walnussöl,
Salz,
frisch gemahlener Pfeffer,
Zucker

Zubereitung *ca. 15 Min.*
Ruhezeit *ca. 1 Std.*

1. Walnüsse in einer beschichteten Pfanne ohne Fettzugabe anrösten. Paprikaschote waschen, entkernen und würfeln. Zwiebel schälen und fein würfeln. Käse ebenfalls würfeln. Oliven in Ringe schneiden und mit Walnüssen, Gemüse und Käse mischen.

2. Essig mit Senf und Öl verrühren und mit Salz, Pfeffer und 1 Prise Zucker abschmecken. Dressing unter den Salat mischen und mindestens 1 Stunde durchziehen lassen. Salat in Schraubdeckelgläser füllen und bis zum Verzehr kühl stellen.

Tipp Wenn Sie Ihren Lunch im Glas unterwegs genießen wollen oder am Arbeitsplatz kein Besteck vorhanden ist, denken Sie daran, welches mitzunehmen!

TOMATEN-NUDEL-SALAT IM GLAS

Zutaten für 4 Portionen

100 g kleine Nudeln (z. B. Mini-Farfalle),
Salz, ½ Knoblauchzehe, ½ Zwiebel,
einige Blätter Basilikum,
1 ½ EL Olivenöl, 1 EL Balsamico,
1 EL Basilikumpesto,
frisch gemahlener Pfeffer, Zucker,
250 g Kirschtomaten,
½ kleine Salatgurke,
100 g Mozzarella

Zubereitung *ca. 25 Min.*

1. Nudeln in Salzwasser bissfest kochen. Knoblauch und Zwiebel schälen. Knoblauch pressen und Zwiebel fein würfeln.

2. Basilikum waschen und trocken schütteln, fein hacken und mit Olivenöl, Essig, Knoblauch, Zwiebel und Basilikumpesto vermischen. Mit Salz, Pfeffer und Zucker abschmecken.

3. Tomaten waschen und vierteln. Gurke schälen. Gurke und Mozzarella in Würfel schneiden. Tomaten, Gurke, Mozzarella und Nudeln mit dem Dressing mischen. Salat auf Gläser verteilen und bis zum Verzehr kalt stellen.

SALAT MIT AVOCADO UND GRAPEFRUIT

Zutaten für 2 Portionen

2 EL Olivenöl,
2 TL Honig, Salz,
frisch gemahlener Pfeffer,
½ gelbe Paprikaschote,
1 Avocado, ½ Grapefruit,
1 rote Zwiebel,
200 g Kichererbsen (Dose),
10 Blätter Basilikum

Zubereitung *ca. 15 Min.*

1. Öl, Honig, Salz und Pfeffer verrühren. Paprikaschote waschen, entkernen und in Streifen schneiden. Avocado und Grapefruit halbieren und schälen. Avocadokern entfernen. Avocadofruchtfleisch und Grapefruit würfeln. Zwiebel schälen und in Streifen schneiden. Kichererbsen abtropfen lassen. Basilikum waschen und trocken schütteln.

2. Hälfte der Basilikumblätter in ein Glas geben. Grapefruit, Avocado, Zwiebel, Kichererbsen und Paprika zugeben und mit übrigem Basilikum garnieren.

3. Dressing darübergeben. Glas verschließen, bis zum Verzehr kühl stellen und vor dem Essen Zutaten durch vorsichtiges Schütteln mischen.

SALAT MIT MANDEL-MILCHDRESSING

Zutaten für 4 Portionen

½ Knoblauchzehe,
125 ml Mandelmilch,
50 ml Walnussöl, 50 ml Olivenöl,
50 ml Weißweinessig, ½ TL Honig,
1 TL mittelscharfer Senf,
Salz, frisch gemahlener Pfeffer,
1 große Zwiebel,
1 rote Paprikaschote, ½ Zucchini,
125 g Cocktailtomaten,
240 g weiße Bohnen, 1 Bund Basilikum,
200 g Feta, geröstete Pinienkerne

Zubereitung *ca. 15 Min.*

1. Knoblauch schälen und pressen. Mit Mandelmilch, Öl, Essig, Honig und Senf vermischen und gut verrühren. Mit Salz und Pfeffer abschmecken.

2. Zwiebel schälen und fein würfeln. Paprikaschote, Zucchini und Tomaten waschen. Paprikaschote und Zucchini entkernen und Gemüse würfeln. Bohnen durch ein Sieb abgießen und abtropfen lassen. Basilikum waschen, trocken schütteln und Blättchen abzupfen.

3. Dressing in sterilisierte Gläser füllen, Bohnen, Zwiebeln, Zucchini, Paprika, Tomaten, Basilikum, Feta und Pinienkerne in die Gläser schichten. Gläser gut verschließen und vor dem Verzehr kräftig schütteln.

GRANATAPFEL-BIRNEN-SALAT IM GLAS

Zutaten für 1 Portion

2 ½ EL Sherryessig, Salz,
frisch gemahlener Pfeffer,
3 EL Olivenöl, 1 Birne,
300 g Spinat,
40 g Blauschimmelkäse,
90 g Granatapfelkerne,
20 g Walnüsse (halbiert)

Zubereitung *ca. 10 Min.*

1. Essig, Salz und Pfeffer gut miteinander vermischen. Unter Rühren langsam Olivenöl unterrühren, bis eine relativ dickflüssige Vinaigrette entstanden ist.

2. Birne waschen, entkernen und in feine Scheiben schneiden. Spinat waschen und trocken schütteln, Käse in kleine Stücke schneiden.

3. Birnen, Spinat und Granatapfelkerne in das Glas schichten. Walnüsse und Käse darüber verteilen.

4. Dressing über den fertig geschichteten Salat gießen. Glas verschließen und bis zum Verzehr im Kühlschrank kalt stellen. Vor dem Essen Zutaten durch Schütteln vermischen.

Dips

Eine schnelle Alternative zu Salaten sind Gemüsesticks – und dazu ein leckerer Dip aus dem Glas. Auch viele andere Gerichte, die unterwegs oder im Büro aus der Hand gegessen werden, lassen sich mit einem würzigen Dip aufpeppen.

Paprika-Sesam-Dip

Für 8 Portionen: 2 Gläser Röstpaprika (à 370 ml) abtropfen lassen und grob klein schneiden. Mit 5 Esslöffeln Tahin (Sesampaste) fein pürieren. 2 Esslöffel Sesam in einer Pfanne ohne Fettzugabe rösten und unterrühren. Mit Salz und Pfeffer abschmecken.

Auberginen-Dip

Für 4 Portionen: Etwas Öl in einer Pfanne erhitzen und 1 Aubergine darin von allen Seiten anbraten, bis die Haut knusprig ist. Abkühlen lassen, schälen und Fruchtfleisch klein schneiden. 3 Knoblauchzehen und 1/2 Zwiebel schälen und beides grob hacken. Aubergine, Knoblauch und Zwiebel pürieren. 4 Esslöffel Olivenöl einrühren und mit etwas Salz und Pfeffer abschmecken.

Kräuter-Dip

Für 8 Portionen: 175 g Frischkäse, 1 1/2 Becher Crème fraîche und 3 Esslöffel saure Sahne zu einer homogenen Masse verrühren. Gehackte gemischte Kräuter nach Geschmack sowie etwas Salz und Pfeffer zugeben und alles verrühren.

Rote-Bete-Hummus

Für 4 Portionen: Ofen auf 175 °C (Umluft: 155 °C) vorheizen. 1 Rote Bete in Alufolie einwickeln und im vorgeheizten Ofen ca. 1 Stunde rösten. Abkühlen lassen, schälen und würfeln. 2 Knoblauchzehen schälen und zerkleinern. Beides mit 375 Gramm gekochten Kichererbsen, Schale von 1 unbehandelten Zitrone, Saft von 1/2 Zitrone und 2 Esslöffeln Tahin mit dem Pürierstab pürieren und mit 50–60 Millilitern Olivenöl zu einer Paste verrühren. Mit Salz und Pfeffer abschmecken.

FRUCHTIGER SALAT MIT SCHAFSKÄSE

Zutaten für 2 Portionen

2 Nektarinen,
¼ Wassermelone,
6 Physalis,
200 g Schafskäse,
1 Frühlingszwiebel,
1 unbehandelte Zitrone,
2 Stängel Minze,
2 EL Olivenöl,
Salz, 1 EL Honig

Zubereitung *ca. 15 Min.*

1. Nektarinen waschen und entkernen. Fruchtfleisch der Wassermelone von der Schale schneiden und mit einem spitzen Messer Kerne entfernen. Nektarinen und Melonenfruchtfleisch in Würfel schneiden. Physalis waschen. Schafskäse abtropfen lassen und würfeln, Frühlingszwiebel waschen und in feine Ringe schneiden.

2. Zitrone unter heißem Wasser waschen, halbieren und Saft einer halben Zitrone auspressen. Schale fein abreiben. Minze waschen, trocken schütteln und Blättchen abzupfen.

3. Zitronensaft mit Olivenöl verrühren, Zitronenschale zugeben und Dressing mit Salz und Honig abschmecken. In ein kleines Glas füllen und verschließen.

4. Salatzutaten gut mischen und in sterilisierte Gläser füllen. Kurz vor dem Verzehr Dressing schütteln und über den Salat geben.

GEMISCHTER SALAT MIT AVOCADODRESSING

Zutaten für 2 Portionen

100 g Rotkohl,
einige Blätter Blattsalat,
1 kleine Möhre,
4 EL Mais (Dose), 1 Avocado,
1 Knoblauchzehe,
2 EL Öl, 1 EL Essig,
1 EL Zitronensaft,
Salz, frisch gemahlener Pfeffer

Zubereitung *ca. 15 Min.*

1. Rotkohl und Salat waschen und in Streifen schneiden. Möhre waschen und fein raspeln. Avocado halbieren und schälen, Kern entfernen und Fruchtfleisch fein pürieren. Knoblauch schälen und pressen.

2. Avocadopüree, Öl, Essig, Zitronensaft, Knoblauch und Salz zu einem würzigen Dressing verrühren. Mit Salz und Pfeffer abschmecken.

3. Dressing in sterilisierte Gläser füllen und Salat und Gemüse darüberschichten. Bis zum Verzehr kalt stellen und vor dem Essen Zutaten durch Schütteln vermengen.

BUNTER NUDELSALAT

Zutaten für 2 Portionen

150 g Spirelli-Nudeln, Salz, 1 rote Zwiebel,
100 g Erbsen (tiefgefroren),
1 kleine rote Tomate,
1 kleine gelbe Tomate,
1 Möhre, ½ Bund Petersilie,
1 kleine Dose Mais,
60 ml Olivenöl,
2 EL Essig,
½ TL Sambal Oelek

Zubereitung *ca. 25 Min.*
Ruhezeit *ca. 12 Std.*

1. Nudeln in ausreichend Salzwasser bissfest kochen und über einem Sieb abgießen. Abtropfen und vollständig auskühlen lassen. Zwiebel schälen und in Streifen schneiden.

2. Erbsen blanchieren, Tomaten waschen, vom Stielansatz befreien und achteln, Möhre schälen, halbieren und in kleine Würfel schneiden. Petersilie waschen, trocken schütteln und Blättchen abzupfen. Mais abtropfen lassen.

3. Öl, Essig, Sambal Oelek und Petersilie zu einem Dressing vermischen. Nudeln, Gemüse und Dressing in einer Schüssel mischen. Salat in sterilisierte Einmachgläser füllen und über Nacht ziehen lassen. Vor dem Verzehr schütteln.

Salate mit Fisch und Fleisch

SALAT MIT AVOCADO UND LACHS

Zutaten für 1 Portion

1 kleines Stück unbehandelte Salatgurke,
75 g Perlgraupen, 750 ml Gemüsebrühe,
1 Avocado, 2 EL Zitronensaft,
Salz, frisch gemahlener Pfeffer,
1 Becher griechischer Joghurt, 1 EL Öl,
2 Stängel Koriander,
4 Scheiben geräucherter Lachs

Zubereitung *ca. 45 Min.*

1. Gurke waschen und in Scheiben schneiden. Graupen unter fließendem Wasser waschen und in Gemüsebrühe ca. 25 Minuten weich kochen. Über einem Sieb abgießen und abtropfen lassen.

2. Avocado halbieren und entkernen. Fruchtfleisch mit einem Löffel herauslösen und mit 1 Esslöffel Zitronensaft beträufeln. Fruchtfleisch in Stücke schneiden, pürieren und mit Salz und Pfeffer würzen.

3. Joghurt mit restlichem Zitronensaft, 1 Prise Salz, Pfeffer sowie Öl cremig rühren. Dressing in ein Einmachglas geben.

4. Koriander waschen, trocken schütteln und von den Stängeln zupfen. Lachs in Streifen schneiden.

5. Graupen, Koriander, Avocadopüree, Lachs und Gurke in sterilisierte Gläser schichten und verschließen. Im Kühlschrank aufbewahrt, hält sich der Salat 1 Tag. Vor dem Essen Dressing zugeben und schütteln.

CAESARS SALAD

Zutaten für 4 Portionen

½ EL Öl,
100 g Hähnchenbruststreifen,
75 g Mayonnaise, 2 EL Joghurt,
1 EL Zitronensaft,
1 ½ EL Parmesan,
Salz, frisch gemahlener Pfeffer,
½ Zwiebel, 4 Kirschtomaten,
¼ Salatkopf, 50 g Gouda

Zubereitung *ca. 30 Min.*

1. Öl in einer Pfanne erhitzen und Hähnchenbruststreifen darin anbraten. Mayonnaise und Joghurt vermischen. Zitronensaft, etwas Parmesan, Salz und Pfeffer zugeben und alles gut verrühren. Zwiebel schälen, fein würfeln und zum Dressing geben. Dressing in ein sterilisiertes Glas füllen.

2. Kirschtomaten waschen, Stielansatz entfernen und Tomaten ins Glas geben. Salat waschen und in kleinere Stücke zupfen. So in das Glas schichten, dass der Salat möglichst wenig Kontakt mit dem Dressing hat.

3. Gouda in kleine Würfel schneiden und mit den abgekühlten Hähnchenbruststreifen zum Salat geben. Restlichen Parmesan darübergeben. Bis zum Verzehr im Kühlschrank kalt stellen. Vor der Mahlzeit gut schütteln.

ASIA-REISSALAT MIT HÄHNCHEN

Zutaten für 1 Glas à 600 ml

40 g schnellkochender Langkornreis, Salz, 1 TL mildes Currypulver, ½ rote Paprikaschote, 1 Frühlingszwiebel, 75 g Hähnchenbrust, etwas Öl, 1 Handvoll feste Salatblätter, 2 EL gewürfelte Ananas (Dose) und 2 EL Einlegesaft, 1 EL Limettensaft, 2 TL süß-scharfe Chilisoße, 1 TL flüssiger Honig, 1 EL Sesamöl, 1 EL Röstzwiebeln, gehackter Koriander nach Belieben

Zubereitung *ca. 35 Min.*
Ruhezeit *ca. 12 Std.*

1. Reis mit 1 Prise Salz und Currypulver nach Packungsanweisung garen. Paprikaschote waschen, entkernen und in kleine Würfel schneiden. Frühlingszwiebel waschen und in Ringe schneiden. Hähnchenbrust in Öl anbraten, abkühlen lassen und in breite Streifen schneiden. Salatblätter waschen, trocken schütteln und klein zupfen.

2. Ananas- und Limettensaft mit 1 Teelöffel Chilisoße und Honig verrühren. Öl unterrühren. Dressing in ein sterilisiertes Schraubdeckelglas geben.

3. Paprika, Frühlingszwiebel, Reis, Hähnchenbrust, Ananaswürfel und Salat ins Glas schichten. Mit restlicher Chilisoße, Röstzwiebeln und Koriander garnieren. Glas verschließen und über Nacht in den Kühlschrank stellen. Vor dem Verzehr durch Schütteln mit dem Dressing mischen.

THUNFISCHSALAT

Zutaten für 1 Portion

30 g fester Blattsalat,
½ rote Paprikaschote,
1 kleine rote Zwiebel,
50 g Mais, 50 g Thunfisch in Salzlake,
100 g Magerjoghurt, 1 EL Balsamico,
Saft von ½ unbehandelten Zitrone und
Zitronenscheiben für die Garnitur,
Salz, frisch gemahlener Pfeffer

Zubereitung *ca. 15 Min.*

1. Blattsalat waschen, trocken schütteln und in mundgerechte Stücke schneiden oder zupfen. Paprikaschote waschen, entkernen und in schmale Streifen schneiden. Zwiebel schälen und in Ringe schneiden. Mais und Thunfisch gut abtropfen lassen.

2. Joghurt, Balsamico, Zitronensaft, Salz und Pfeffer zu einem Dressing verrühren. Salat, Mais, Zwiebel, Paprika und Thunfisch in ein sterilisiertes Einmachglas schichten.

3. Dressing über den Salat geben, mit Zitronenscheiben garnieren und Glas verschließen. Bis zum Verzehr kalt stellen und Glas vor dem Essen schütteln.

Tipp Ganz ohne Schütteln verteilt sich das Dressing hervorragend auf dem Salat, wenn Sie das Glas einfach auf einen Teller stülpen und die Flüssigkeit von oben über die restlichen Zutaten fließen kann.

Dressings

Immer das Gleiche im Salatglas? Dann bringen Sie doch einmal mit verschiedenen Dressings Abwechslung ins Spiel! So werden aus einem Grundrezept schnell einmal viele verschiedene Geschmacksvarianten.

Orangen-Mohn-Dressing

Für 1 Portion: 3 Esslöffel Olivenöl, je 2 Esslöffel Orangen- und Zitronensaft sowie Ahornsirup, 1 Esslöffel Mohn, je 1 Teelöffel Orangenabrieb und Dijon-Senf sowie 1/4 Teelöffel Salz in ein kleines Schraubdeckelglas geben, gut verschließen und gut durchschütteln, bis sich alle Zutaten vermischt haben.

Himbeer-Zitronen-Dressing

Für 6 Portionen: 5 Esslöffel Zitronensaft mit 3 Esslöffeln Wasser, 2 Teelöffeln Zucker sowie etwas Salz und Pfeffer verrühren. 70 Gramm aufgetaute TK-Himbeeren pürieren und einrühren. 120 Milliliter Olivenöl nach und nach zugeben und unterrühren.

Avocado-Dressing

Für 6 Portionen: 250 Gramm griechischen Joghurt, 2 Esslöffel Basilikumöl, 1 1/2 Esslöffel Limettensaft, 2 Esslöffel gehackte Petersilie, 1 Esslöffel gehackten Schnittlauch, klein geschnittenes Fruchtfleisch von 1 Avocado, 1 grob gehackte Knoblauchzehe, 1 grob gehackte Schalotte sowie etwas Salz und Pfeffer mit dem Pürierstab fein pürieren. 4–6 Esslöffel Milch zugeben und bis zur gewünschten Konsistenz mixen.

Honig-Senf-Dressing

Für 2 Portionen: 2 Esslöffel Weißweinessig mit 1 Esslöffel Wasser, 1 Esslöffel flüssigem Honig, 1 Teelöffel mittelscharfem Senf sowie etwas Salz und Pfeffer verrühren. 5 Esslöffel kalt gepresstes Rapsöl nach und nach unterrühren.

SCHINKEN-AVOCADO-EIER-SALAT

Zutaten für 4 Portionen

2 Handvoll Blattsalat,
4 Eier, 1 reife Avocado,
12 Kirschtomaten,
1 EL Zitronensaft,
1 EL Öl, Salz,
frisch gemahlener Pfeffer,
4 EL Senfdressing,
4 Scheiben Schinken

Zubereitung *ca. 20 Min.*

1. Salat waschen, trocken schütteln und in mundgerechte Stücke zupfen. Eier hart kochen, kalt abschrecken, auskühlen lassen und vorsichtig schälen. In Stücke schneiden.

2. Avocado schälen, Kern entfernen und Fruchtfleisch in kleine Würfel schneiden. Kirschtomaten waschen und halbieren oder vierteln. Zitronensaft, Öl, Salz und Pfeffer verrühren und mit Avocado und Tomaten mischen.

3. Senfdressing in sterilisierte Gläser geben, Eier, Avocado, Schinken und Tomaten dazuschichten und mit Salat belegen. Bis zum Verzehr kühl stellen und vor dem Essen Gläser gut schütteln.

Tipp Lunch im Glas kann auch Resteverwertung sein. Sie haben vom Abendessen noch etwas übrig? Dann nur rein damit ins Glas! Aufgewärmt schmeckt so manches beim nächsten Mittagessen sogar doppelt so gut!

FLEISCHSALAT MIT KÄSE UND EI

Zutaten für 4 Portionen

4 Eier,
1–2 EL mittelscharfer Senf,
150 g Crème fraîche,
1 TL Zitronensaft,
Salz, frisch gemahlener Pfeffer,
Zucker, 1 Zwiebel,
½ Bund Schnittlauch,
8 Kirschtomaten, 150 g Fleischwurst,
50 g Butterkäse

Zubereitung *ca. 25 Min.*

1. Eier ca. 10 Minuten hart kochen. Mit kaltem Wasser abschrecken, pellen und auskühlen lassen. Senf und Crème fraîche verrühren. Dressing mit Zitronensaft, Salz, Pfeffer und etwas Zucker abschmecken.

2. Zwiebel schälen und in Ringe schneiden. Schnittlauch waschen, trocken schütteln und in Röllchen schneiden. Tomaten waschen und halbieren. Eier einmal durchschneiden. Fleischwurst und Käse in feine Streifen schneiden.

3. Käse, Wurst, Zwiebel und Schnittlauch in kleine Gläser schichten, Dressing darübergeben und Eier und Tomaten zugeben. Bis zum Verzehr kalt stellen und Gläser vorher schütteln.

SALAT MIT HÄHNCHENFLEISCH

Zutaten für 2–3 Portionen

125 g Kirschtomaten,
1 Stange Sellerie, ½ Salatgurke,
100 g Hähnchenfleisch (gebraten),
¼ Romanasalat, einige Stängel Petersilie,
einige Stängel Schnittlauch,
1 EL Pinienkerne, 4 EL Mayonnaise,
1 EL Schmand oder Crème fraîche,
½ TL Weißweinessig, 25 g Blauschimmelkäse,
Salz, frisch gemahlener Pfeffer,
5 TL mittelscharfe Pfeffersoße

Zubereitung *ca. 25 Min.*

1. Kirschtomaten waschen und halbieren. Sellerie waschen und in kleine Stücke schneiden. Salatgurke schälen und klein würfeln. Hähnchenfleisch in Streifen schneiden. Romanasalat waschen und in kleinere Stücke teilen. Petersilie und Schnittlauch waschen, trocken schütteln und zerkleinern.

2. Pinienkerne in einer Pfanne ohne Fettzugabe leicht anrösten. Für das Dressing Mayonnaise, Essig, Schmand oder Crème fraîche und klein geschnittenen Blauschimmelkäse gut miteinander verrühren. Mit Salz und Pfeffer abschmecken. Dressing in ein großes Einmachglas füllen. Pfeffersoße zugeben.

3. Salat, Hähnchenfleisch, Tomaten, Sellerie, Gurke, Schnittlauch, Petersilie und Pinienkerne darüberschichten. Glas verschließen und kalt stellen. Vor dem Essen kräftig schütteln.

HACKFLEISCH-NUDEL-SALAT

Zutaten für 4 Portionen

400 g gemischtes Hackfleisch,
3 EL Olivenöl,
1 Prise Kreuzkümmel,
Salz, frisch gemahlener Pfeffer,
200 g kleine Nudeln (z. B. Muschelnudeln),
1 kleine Paprikaschote,
100 g Hartkäse (z. B. Emmentaler),
1 Zwiebel, 3 EL Apfelessig,
3 EL Apfelsaft,
1 TL mittelscharfer Senf

Zubereitung *ca. 25 Min.*

1. Hackfleisch in 1 Esslöffel Öl anbraten, mit Kreuzkümmel, Salz und Pfeffer würzen und abkühlen lassen. Nudeln nach Packungsanweisung in ausreichend Salzwasser kochen, kalt abspülen und abtropfen lassen.

2. Paprikaschote waschen, entkernen und würfeln. Käse ebenfalls würfeln. Zwiebel schälen und in Ringe schneiden.

3. Apfelessig, Apfelsaft, restliches Olivenöl und Senf verrühren und mit Salz und Pfeffer abschmecken. Restliche Zutaten mit Dressing vermischen und in sterilisierte Gläser füllen. Bis zum Verzehr kalt stellen und Glas vor dem Essen schütteln.

GRIECHISCHER SOUVLAKI-SALAT

Zutaten für 2 Portionen

½ rote Zwiebel, 12 Cocktailtomaten, 1 Salatgurke, 8 entkernte schwarze Oliven, 100 g Schafskäse, 200 g Schweineschnitzel, etwas Öl, Salz, 1 TL gerebelter Rosmarin, 1 Knoblauchzehe, 4 Stängel Dill, 200 g griechischer Joghurt

Zubereitung *ca. 30 Min.*

Ruhezeit *ca. 1 Std.*

1. Zwiebel schälen und in Streifen schneiden, Tomaten waschen und halbieren, Gurke schälen. Eine Hälfte würfeln, die andere grob reiben. Oliven abtropfen lassen. Schafskäse in Würfel schneiden. Alle Zutaten – bis auf die Gurkenraspeln – in ein sterilisiertes Glas schichten.

2. Schweineschnitzel in mundgerechte Würfel schneiden und in etwas Öl anbraten. Mit Salz und Rosmarin würzen. Temperatur reduzieren und Fleisch fertig braten. Abkühlen lassen und mit ins Glas geben.

3. Gurkenraspeln in ein Sieb geben, kräftig mit Salz bestreuen und ca. 1 Stunde ziehen lassen. Gut ausdrücken. Knoblauch schälen und zerdrücken. Dill waschen, trocken schütteln und fein hacken. Joghurt mit Knoblauch, abgetropften Gurkenraspeln und Dill vermengen und mit Salz abschmecken. Dressing separat in ein kleines Glas füllen. Beide Gläser bis zum Verzehr kalt stellen und vor der Mahlzeit Dressing über den Salat geben.

GARNELEN-GURKEN-SALAT

Zutaten für 3–4 Portionen

300 g kleine Garnelen (küchenfertig, ohne Kopf und Schale),
3 ½ EL Olivenöl,
Salz, frisch gemahlener Pfeffer,
edelsüßes Paprikapulver,
200 g unbehandelte Salatgurke,
½ rote Chilischote,
2 EL Apfelessig,
1 EL gemischte Salatkräuter

Zubereitung *ca. 20 Min.*

1. Garnelen waschen und trocken tupfen. 1–2 Esslöffel Öl in einer Pfanne erhitzen. Garnelen darin von allen Seiten ca. 3–4 Minuten anbraten. Mit Salz, Pfeffer und Paprikapulver würzen. Vollständig abkühlen lassen.

2. Gurke waschen, halbieren, entkernen und in kleine Würfel schneiden. Chili waschen, entkernen und sehr fein hacken.

3. Essig mit Chili mischen und restliches Öl nach und nach unterrühren. Mit Salz und Pfeffer würzen und Salatkräuter unterrühren. Gurke mit der Vinaigrette mischen und mit Salz und Pfeffer abschmecken.

4. Gurkensalat und Garnelen in Gläser schichten. Bis zum Verzehr kalt stellen und Gläser vor dem Essen schütteln.

NUDELSALAT MIT LACHS

Zutaten für 4 Gläser à 250–300 ml

1 Handvoll Salat, 1 Möhre, 2 Tomaten, ½ unbehandelte Salatgurke, 100 g Feta, 100 g geräuchertes Lachsfilet, 200 g Nudeln (z. B. kleine Hörnchennudeln), 2 EL heller Balsamico, 5 EL Zitronensaft, Salz, frisch gemahlener Pfeffer, 2 Avocados, 1 Msp. gemahlener Kreuzkümmel, Cayennepfeffer, 1 EL fein geschnittener Koriander

Zubereitung *ca. 35 Min.*
Ruhezeit *ca. 30 Min.*

1. Salat waschen, trocken schütteln und in mundgerechte Stücke teilen. Möhre waschen und fein raspeln. Tomaten waschen, Stielansätze entfernen und Tomaten klein schneiden. Gurke waschen und in dünne Scheiben schneiden. Feta zerbröseln. Geräucherten Lachs in kleine Stücke schneiden.

2. Nudeln in ausreichend Salzwasser nicht zu weich kochen. Über einem Sieb abgießen, kalt abschrecken und abtropfen lassen. In eine Schüssel geben und mit Gurke, Salat, Möhre, Tomaten, Feta und Lachs vorsichtig vermischen.

3. Balsamico, 2 Esslöffel Zitronensaft, Salz und Pfeffer zu einem Dressing vermischen und unter den Salat rühren.

4. Avocados halbieren, entkernen, Fruchtfleisch mit einem Löffel herauslösen und in eine Schüssel geben. Mit restlichem Zitronensaft beträufeln. Salz, Pfeffer, Kreuzkümmel, etwas Cayennepfeffer und Koriander untermischen und alles pürieren.

5. Avocadopüree zum Salat geben und alles vermischen. Auf Gläser verteilen und vor dem Verzehr mindestens 30 Minuten kalt stellen.

Sattmacher im Glas

BULGUR MIT HÄHNCHEN

Zutaten für 1 Glas à 500 ml

100 ml Gemüsebrühe, 50 g Bulgur, 100 g Hähnchenfleisch, 6 ½ EL Olivenöl, Salz, frisch gemahlener Pfeffer, 1 Frühlingszwiebel, 2 Stängel glatte Petersilie, 1 Stängel Basilikum, 2 EL Zitronensaft, 1 EL Honig, 2–3 EL Ajvar

Zubereitung *ca. 25 Min.*

1. Gemüsebrühe in einem Topf aufkochen lassen und Bulgur einrühren. Topf vom Herd nehmen und Bulgur zugedeckt ca. 10 Minuten quellen lassen. Hähnchenfleisch in mundgerechte Stücke oder Scheiben schneiden.

2. 1 Teelöffel Öl in einer Pfanne erhitzen und Hähnchenfleisch darin anbraten. Mit Salz und Pfeffer würzen. Herausnehmen und beiseitestellen. Bulgur mit einer Gabel auflockern.

3. Frühlingszwiebel waschen und in dünne Röllchen schneiden. Petersilie und Basilikum waschen, trocken schütteln, Blättchen abzupfen und fein hacken.

4. Zitronensaft und Honig in einer Schüssel verrühren und mit Salz und Pfeffer würzen. Nach und nach restliches Öl einrühren. Vinaigrette in ein Glas gießen.

5. Bulgur mit Frühlingszwiebel, Petersilie und Basilikum vermischen. Nacheinander Bulgur, Ajvar und Hähnchen in das Glas schichten.

6. Glas verschließen und in den Kühlschrank stellen. Vor dem Essen Bulgur mit Hähnchenfleisch auf einen Teller stürzen und locker mischen.

SPAGHETTI MIT HACKFLEISCHBÄLLCHEN

Zutaten für 2 Gläser à 600 ml

1 Knoblauchzehe, 1 Zwiebel, 100 g Zucchini, 3 TL Olivenöl, Salz, frisch gemahlener Pfeffer, 200 g gemischtes Hackfleisch, 1 Ei, 2 EL Paniermehl, 1 Dose Pizzatomaten (à 425 g), 180 g Spaghetti, ½ Bund Basilikum, 1 Prise Zucker, geriebener Hartkäse nach Belieben

Zubereitung *ca. 50 Min.*

1. Knoblauch schälen und fein hacken. Zwiebel schälen und fein würfeln. Zucchini schälen und raspeln. 1 Teelöffel Öl in einer Pfanne erhitzen. Zucchini und Hälfte der Zwiebel darin ca. 3 Minuten dünsten. Mit Salz und Pfeffer würzen. Kurz abkühlen lassen. Hackfleisch in einer Schüssel mit Zucchini-Zwiebel-Mischung, Ei und Paniermehl vermischen. Mit Salz und Pfeffer würzen. Aus der Masse kleine Bällchen (ca. 2 Zentimeter Durchmesser) formen.

2. Restliches Öl in einer Pfanne erhitzen und Hackfleischbällchen darin von allen Seiten ca. 5 Minuten anbraten. Herausnehmen und beiseitestellen. Restliche Zwiebel und Knoblauch im Bratfett anbraten. Pizzatomaten zufügen und ca. 5 Minuten köcheln lassen. Spaghetti in ausreichend kochendem Salzwasser nach Packungsanweisung bissfest garen.

3. Basilikum waschen, trocken schütteln, Blättchen abzupfen. Einige Blättchen für die Garnitur beiseitestellen, restliche Blätter fein hacken. Tomatensoße mit Salz, Pfeffer, Zucker und gehacktem Basilikum abschmecken. Spaghetti über einem Sieb abgießen und abtropfen lassen.

4. Nacheinander Spaghetti, Hackfleischbällchen und Tomatensoße in Gläser füllen und mit Basilikum garnieren. Gläser verschließen und bis zum Verzehr kalt stellen. Zum Essen Spaghetti mit Hackfleischbällchen aufwärmen und nach Belieben mit Käse bestreuen.

PIKANTE ASIA-NUDELN

Zutaten für 4 Gläser à 600 ml

100 g feine Glasnudeln,
1 Handvoll Shiitake-Pilze, 6 EL Öl,
1 grüne Paprikaschote, ½ Chilischote,
½ Stängel Zitronengras,
2 Möhren, 2 Frühlingszwiebeln, 1 Zwiebel,
2 EL Erdnussbutter, 4 TL Sojasoße,
4 TL Sambal Oelek, 4 EL Reisessig,
1 EL schwarzer Sesam

Zubereitung *ca. 25 Min.*

1. Glasnudeln in einer Schüssel mit kochendem Wasser übergießen und nach Packungsanweisung ca. 5–10 Minuten quellen lassen. Über einem Sieb abgießen, kalt abschrecken und abtropfen lassen. Pilze putzen, klein schneiden und in 1 Esslöffel Öl kurz andünsten.

2. Paprikaschote und Chilischote waschen und entkernen. Zitronengras waschen. Möhren putzen und schälen. Gemüse in feine Streifen bzw. Stücke schneiden. Frühlingszwiebeln waschen und in dünne Röllchen schneiden. Zwiebel schälen und in Ringe schneiden.

3. Erdnussbutter, Sojasoße, Sambal Oelek und Reisessig in einer kleinen Schüssel verrühren. Nach und nach restliches Öl und Sesam einrühren.

4. Dressing in die Gläser gießen. Glasnudeln, Pilze und Gemüse darüberschichten. Gläser verschließen und bis zum Verzehr kalt stellen. Zum Essen kurz aufwärmen und alles locker miteinander vermischen.

Soßen

Ob Tomatensoße und Pesto zu Nudelgerichten, Mayonnaise zu Kartoffelspeisen oder Ajvar zu Getreide- und Hackfleischgerichten: Nehmen Sie Ihren Vorrat mit und verleihen Sie Ihren Sattmachern im Glas mit verschiedenen Soßen Würze.

Ajvar

Für 3 Gläser (à 200 ml): Ofen auf 180 °C (Umluft: 160 °C) vorheizen. 1 Kilogramm gewürfelte rote Paprikaschoten, 1 gewürfelte Aubergine, 3 gehackte Knoblauchzehen und 2 gehackte Chilischoten mit 120 Millilitern Öl, je 60 Millilitern Essig und Wasser sowie 1 Teelöffel Salz und etwas Pfeffer bei mittlerer Hitze ca. 10 Minuten schmoren. Pürieren und im vorgeheizten Ofen ca. 1 Stunde unter gelegentlichem Rühren garen. Mit Salz, Pfeffer und Paprikapulver abschmecken. In Gläser füllen, verschließen und in einem Topf mit Wasser ca. 20 Minuten einkochen.

Basilikum-Pesto

Für 1 Glas (à 250 ml): 3 Esslöffel Pinienkerne ohne Fett rösten und abkühlen lassen. 2 Bund Basilikum waschen, trocken schütteln und Blätter abzupfen. 2 Knoblauchzehen schälen und grob hacken. Basilikum, Knoblauch und 1/2 Teelöffel Salz im Blitzhacker pürieren. 150 Milliliter Olivenöl nach und nach untermischen. Pinienkerne zugeben und fein mixen. 50 Gramm geriebenen Parmesan unterrühren. In ein Glas füllen und mit einer dünnen Schicht Olivenöl bedecken.

Tomatensoße

Für 6 Gläser (à 500 ml): 4 Zwiebeln und 4 Knoblauchzehen schälen und klein schneiden. In 3 Esslöffeln erhitztem Öl ca. 2 Minuten dünsten und 1 Esslöffel Zucker zugeben. Nach ca. 2 Minuten 200 Gramm Tomatenmark zugeben. 4 Kilogramm gehäutete, klein geschnittene Tomaten und 1/2 Päckchen Pizzakräuter zugeben. Salzen, pfeffern und offen ca. 1 Stunde und 30 Minuten unter gelegentlichem Rühren köcheln. Pürieren und mit Salz, Pfeffer und Tabasco abschmecken. Kochend heiß in Gläser füllen und auf dem Kopf stehend auskühlen lassen.

Mayonnaise

Für 1 Glas (à 300 ml): 2 Eigelbe mit dem Handrührgerät schaumig schlagen. 2 Esslöffel hellen Essig, 4 Teelöffel Senf, 1 Spritzer Zitronensaft und 1 Prise Salz zugeben und untermischen. 250 Milliliter Sonnenblumenöl langsam in einem dünnen Strahl zugießen und unterrühren.

KARTOFFELSALAT MIT WÜRSTCHEN

Zutaten für 2 Gläser à 600 ml

500 g Kartoffeln, Salz,
½ Brokkoli, 1 Wiener Würstchen,
50 g Cocktailtomaten,
2 Stängel Petersilie,
125 g Gemüsebrühe,
2 EL Essig, 2 EL Öl,
1 TL Senf, 1 TL Honig,
frisch gemahlener Pfeffer

Zubereitung *ca. 40 Min.*

1. Kartoffeln schälen und in ausreichend Salzwasser ca. 15–20 Minuten gar kochen. Brokkoli putzen, waschen und in Röschen teilen. In wenig Salzwasser ca. 5–8 Minuten bissfest garen. Kartoffeln und Brokkoli etwas abkühlen lassen und in mundgerechte Stücke schneiden. Würstchen in Scheiben schneiden. Tomaten waschen, halbieren und vom Stielansatz befreien. Petersilie waschen, trocken schütteln und Blättchen fein hacken.

2. Gemüsebrühe, Essig und Öl vermischen. Senf und Honig einrühren und mit Salz und Pfeffer abschmecken.

3. Nacheinander Kartoffeln, Brokkoli, Tomaten und Würstchen in die Gläser schichten. Dressing darübergießen. Mit Petersilie garnieren. Gläser verschließen und bis zum Verzehr kalt stellen.

SCHINKEN-KÄSE-SANDWICH IM GLAS

Zutaten für 1 Portion

1 Scheibe Schinken,
1 Scheibe Käse, ¼ rote Paprikaschote,
½ Scheibe Pumpernickel,
100 g Kräuterquark,
Kräuter nach Belieben
(z. B. Petersilie, Schnittlauch, Gartenkresse)

Zubereitung *ca. 10 Min.*

1. Schinken und Käse würfeln. Paprikaschote waschen, entkernen und würfeln. Pumpernickel grob zerbröseln.

2. Nacheinander Paprika, Kräuterquark, Pumpernickel sowie Schinken und Käse in ein Glas schichten. Nach Belieben mit Kräutern garnieren. Glas verschließen und bis zum Verzehr kalt stellen.

Tipp Dauert es länger, bis die Speisen verzehrt werden und gibt es keine passende Kühlmöglichkeit, sollten Sie zudem auf Zutaten setzen, die länger haltbar sind und durch die Lagerung nicht leiden.

SPAGHETTI POMODORI

Zutaten für 1 Glas à 600 ml

100 g Spaghetti,
Salz,
100 g rote und gelbe Cocktailtomaten,
½ Knoblauchzehe,
5 Blätter Basilikum,
1 ½ EL Olivenöl,
frisch gemahlener Pfeffer

Zubereitung *ca. 10 Min.*

1. Spaghetti in reichlich kochendem Salzwasser nach Packungsanweisung bissfest garen. Tomaten waschen, halbieren und vom Stielansatz befreien. Knoblauch schälen und fein hacken. Basilikum waschen, trocken schütteln und in feine Streifen schneiden.

2. Olivenöl in einer Pfanne erhitzen und darin Tomaten und Knoblauch kurz andünsten. Mit Salz und Pfeffer abschmecken. Basilikum und restliches Olivenöl zufügen und umrühren.

3. Spaghetti über einem Sieb abgießen und abtropfen lassen. Hälfte der Tomatenmischung in ein Glas füllen und Spaghetti sowie restliche Tomatenmischung darüberschichten. Glas verschließen und bis zum Verzehr kalt stellen. Vor dem Essen kurz aufwärmen.

Tipp Spaghetti pomodori lassen sich prima mit Rauke und frisch geriebenem Parmesan verfeinern.

POLENTA MIT SCHAFSKÄSE

Zutaten für 2 Portionen

100 g Schafskäse,
400 ml Gemüsebrühe,
200 ml Milch,
Salz,
100 g Polentagrieß,
1 EL Olivenöl,
etwas Petersilie für die Garnitur

Zubereitung *ca. 15 Min.*

1. Hälfte des Schafskäse in Würfel schneiden, andere Hälfte fein zerbröseln. Gemüsebrühe, Milch und etwas Salz in einem Topf zum Kochen bringen. Polentagrieß unter Rühren einrieseln lassen. Bei geringer Hitze kurz aufkochen lassen. Zerbröselten Schafskäse und Olivenöl zufügen und unterrühren.

2. Polenta in Gläser füllen, mit gewürfeltem Schafskäse bestreuen. Gläser verschließen und bis zum Verzehr kalt stellen. Vor dem Essen nach Belieben kurz aufwärmen und mit Petersilie garniert genießen.

Info Polentagrieß ist ein vorgegarter Maisgrieß, der sich bestens für die Zubereitung von Polenta eignet. Im Gegensatz zum normalen Maisgrieß benötigen Sie hier nur ca. 10–15 Minuten Zubereitungszeit.

BLUMENKOHL-CURRY MIT KARTOFFELN

Zutaten für 2 Portionen

2 große festkochende Kartoffeln,
½ Blumenkohl, 2 Cocktailtomaten,
1 kleine Zwiebel,
1 Stück Ingwer (ca. 1 cm),
1 TL Öl, Salz,
1 TL Kurkuma,
1 TL Garam Masala,
½ Zimtstange, 1 Kardamomkapsel,
125 ml Kokosmilch,
Cashewkerne für die Garnitur

Zubereitung *ca. 35 Min.*

1. Kartoffeln schälen und würfeln. Blumenkohl waschen und in kleine Röschen teilen. Tomaten waschen, halbieren, vom Stielansatz befreien und würfeln. Zwiebel schälen und fein hacken. Ingwer schälen und fein reiben.

2. Öl in einer Pfanne erhitzen. Zwiebel mit Gewürzen andünsten. Ingwer zugeben und unterrühren. Kartoffeln und Blumenkohl zufügen.

3. Kokosmilch zugießen und bei geringer Hitze ca. 20 Minuten köcheln lassen. Kurz vor Ende der Garzeit Tomaten zufügen und unterrühren.

4. Blumenkohl-Curry mit Kartoffeln in Gläser füllen und mit Cashewkernen garnieren. Bis zum Verzehr kalt stellen und vor dem Essen kurz aufwärmen.

GNOCCHI MIT RAUKE

Zutaten für 2 Portionen

½ Aubergine, Salz,
1 kleine Peperoni, einige schwarze Oliven,
3 Stängel Basilikum,
125 g Cocktailtomaten, 50 g Rauke,
1 EL Öl, 250 g Gnocchi,
frisch gemahlener Pfeffer,
Käse zum Bestreuen

Zubereitung *ca. 35 Min.*

1. Aubergine waschen und würfeln. Auf Küchenkrepp legen und mit etwas Salz bestreuen. Ca. 10 Minuten ziehen lassen und trocken tupfen. Peperoni und Oliven in feine Ringe schneiden. Basilikum waschen, trocken schütteln, Blättchen abzupfen und fein hacken. Tomaten waschen, halbieren und vom Stielansatz befreien. Rauke waschen und trocken schütteln.

2. Öl in einer Pfanne erhitzen und Aubergine darin goldbraun braten. Peperoni zufügen und kurz andünsten. Gnocchi zufügen und mitbraten.

3. Tomaten, Oliven, Basilikum und Rauke unterheben und mit Salz und Pfeffer abschmecken. Gnocchi mit Rauke in Gläser füllen. Bis zum Verzehr kalt stellen und vor dem Essen kurz aufwärmen. Nach Belieben mit Käse bestreuen.

RATATOUILLE

Zutaten für 5 Gläser à 800 ml

2 Auberginen, Salz, 2 Zucchini, 5 große Paprikaschoten, 1,5 kg Tomaten, 3 Zwiebeln, 6 Knoblauchzehen, 1 kleine Chilischote, 1 Bund mediterrane Kräuter, 2 EL Öl, frisch gemahlener Pfeffer, 1 TL Paprikapulver, 2 Msp. frisch geriebener Muskat, 2 TL Zucker, 200 ml Gemüsebrühe

Zubereitung *ca. 1 Std.*

1. Aubergine waschen und würfeln. Auf Küchenkrepp legen und mit etwas Salz bestreuen. Ca. 10 Minuten ziehen lassen und trocken tupfen. Zucchini waschen und fein würfeln. Paprikaschoten waschen, entkernen und klein schneiden. Tomaten waschen, halbieren, vom Stielansatz befreien und würfeln.

2. Zwiebeln und Knoblauch schälen und fein hacken. Chilischote waschen, halbieren, entkernen und in feine Streifen schneiden. Kräuter waschen, trocken schütteln und Blättchen fein hacken.

3. Öl in einer großen Pfanne erhitzen und Zwiebeln sowie Knoblauch darin glasig dünsten. Gemüse zufügen und alles ca. 5 Minuten kräftig anbraten. Mit Salz, Pfeffer, Paprikapulver und Muskat abschmecken.

4. Kräuter und Zucker zufügen und mit Gemüsebrühe ablöschen. Ratatouille bei mittlerer Hitze ca. 20–25 Minuten köcheln lassen. Nochmals mit Gewürzen abschmecken.

5. Ratatouille in Gläser füllen und kalt stellen. Nach Belieben kurz vor dem Verzehr aufwärmen und Ciabatta dazu reichen.

INDISCHES DAL MIT COUSCOUS

Zutaten für 2–3 Portionen

*3 kleine Kartoffeln, 1 große Möhre, 1 Tomate,
½ rote Zwiebel, 1 Stück Ingwer (ca. 1 cm),
2 große Handvoll Blattspinat,
1 TL Kokosöl, 1 TL Curry,
1 TL Kurkuma, 1 TL Chiliflocken,
½ TL Kardamom, ½ TL Kreuzkümmel,
100 g rote Linsen, Salz, 100 g Couscous*

Zubereitung *ca. 45 Min.*

1. Kartoffeln schälen und würfeln. Möhre schälen und würfeln. Tomate waschen, halbieren, vom Stielansatz befreien und vierteln. Zwiebel und Ingwer schälen und fein hacken. Spinat waschen und trocken schütteln.

2. Kokosöl in einem Topf erwärmen. Zwiebel und Ingwer darin ca. 1 Minute anbraten. Curry, Kurkuma, Chiliflocken, Kardamom, Kreuzkümmel und etwas Wasser zufügen, umrühren und ca. 1 Minute weiterbraten.

3. Kartoffeln, Möhre und Linsen zufügen und mit Salz würzen. Ca. 3 Minuten unter gelegentlichem Rühren köcheln lassen. Tomate und 250 Milliliter Wasser zugeben und ca. 15 Minuten bei mittlerer Hitze garen. Spinat zufügen, unterrühren und zusammenfallen lassen.

4. Couscous nach Packungsanweisung zubereiten. Quellen lassen und mit einer Gabel auflockern. Couscous in Gläser füllen und Dal daraufschichten. Vor dem Verzehr kurz aufwärmen.

LASAGNE IM GLAS

Zutaten für 4 Portionen

1 Zwiebel, 1 Knoblauchzehe, 100 g Champignons, 1 grüne Paprikaschote, 1 EL Öl, 450 g mageres Rinderhack, Salz, frisch gemahlener Pfeffer, 2 EL Milch, 85 g Frischkäse, 150 g Mozzarella, 400 g Bolognesesoße (Glas), 6 Lasagneblätter

Zubereitung *ca. 35 Min.*

1. Zwiebel und Knoblauch schälen und fein hacken. Champignons putzen und in Scheiben schneiden. Paprikaschote waschen, entkernen und würfeln.

2. Öl in einer Pfanne erhitzen und Zwiebel und Knoblauch darin glasig dünsten. Hackfleisch zugeben und krümelig anbraten. Mit Salz und Pfeffer würzen. Champignons und Paprika in einer weiteren Pfanne kurz anbraten und mit Salz und Pfeffer würzen.

3. In einem kleinen Topf 2 Esslöffel Wasser, Milch, Frischkäse und Mozzarella erwärmen und cremig rühren. Vom Herd nehmen. In einem weiteren Topf Bolognesesoße erwärmen. Lasagneblätter nach Packungsanweisung in ausreichend Salzwasser zubereiten und gegebenenfalls kleiner schneiden.

4. Abwechselnd Champignons und Paprika, Hackfleisch, Käsesoße, Lasagneblätter und Bolognesesoße in die Gläser schichten. Bis zum Verzehr kalt stellen und vor der Mahlzeit kurz aufwärmen.

Gutes aus Getreide

GRANOLA MIT HAFERFLOCKEN

Zutaten für 5 Portionen

85 g Haferflocken,
25 g Kokosraspel,
25 g Nüsse (gehackt), 75 g Honig,
25 g weiche Butter,
¼ Pck. Vanillezucker,
½ TL Zimt, 65 g Rosinen,
Milch

Zubereitung *ca. 35 Min.*

1. Backofen auf 175 °C (Umluft: 155 °C) vorheizen. Alle Zutaten mit Ausnahme der Rosinen gut miteinander vermischen.

2. Auf einem Backblech verteilen und im vorgeheizten Backofen ca. 20–25 Minuten backen. Das Granola soll goldbraun sein.

3. Aus dem Ofen nehmen und vollständig auskühlen lassen. Zusammen mit den Rosinen in die vorbereiteten Einmachgläser füllen und gut verschließen. Milch in der Mikrowelle erwärmen und zum Granola geben.

Tipp Das fertige Granola kann bis zu zwei Wochen aufbewahrt werden. Besonders lecker schmeckt es mit frischem Obst. Trockenfrüchte erst nach dem Backen zufügen, sie werden sonst zu hart.

OVERNIGHT OATS MIT APFEL

Zutaten für 1 Portion

1 säuerlicher Apfel,
180 g Apfelmus, 100 ml Milch,
50 g kernige Haferflocken,
100 g Joghurt, 1 EL Honig,
1 TL Zimt und etwas Zimt zum Bestreuen,
ausgekratztes Mark von 1 Vanilleschote,
Zucker und etwas Zucker zum Bestreuen,
1 EL getrocknete Cranberrys,
Rosinen

Zubereitung *ca. 10 Min.*
Ruhezeit *ca. 12 Std.*

1. Apfel schälen, vierteln, Kerngehäuse entfernen und Apfel in kleine Stücke schneiden. Apfelmus mit Apfelstücken, Milch, Haferflocken, Joghurt und Rosinen mischen. Mit Honig. Zimt, Vanillemark und Zucker abschmecken.

2. Mischung in ein sterilisiertes Schraubdeckelglas füllen und Cranberrys darüberstreuen. Gut verschließen und über Nacht im Kühlschrank ziehen lassen. Vor dem Verzehr gut umrühren und nach Geschmack mit Zimt und Zucker bestreuen.

Info Getrocknete Cranberrys sind süßer als frische. Sie stecken voller Vitamine und Mineralstoffe und bereichern jedes Müsli auch durch ihre rote Farbe.

BIRCHERMÜSLI MIT JOGHURT

Zutaten für 2 Portionen

2 säuerliche Äpfel,
½ Zitrone,
100 g kernige Haferflocken,
3 EL Rosinen, 30 g Mandeln,
200 g Naturjoghurt,
2 EL Honig,
200 ml Milch

Zubereitung *ca. 10 Min.*

1. Äpfel waschen, vierteln und Kerngehäuse entfernen. Sehr klein schneiden. Zitrone auspressen und Äpfel damit beträufeln.

2. Haferflocken in eine Schüssel geben, mit Rosinen und Mandeln mischen. Äpfel zur Flockenmischung geben.

3. Einmachgläser abwechselnd mit der Müslimischung und einer Schicht Joghurt füllen, mit Müsli und Honig abschließen. Bis zum Verzehr kalt stellen und vor dem Essen mit Milch anrühren.

Info Das klassische Birchermüsli erfand der Schweizer Arzt Maximilian Oskar Bircher-Benner um 1900 als schonende Diätkost. Hierfür verwendete er über Nacht in Wasser eingeweichte Haferflocken, die mit etwas Kondensmilch und Zitronensaft vermischt wurden. Kurz vor dem Servieren kam noch ein geriebener Apfel hinzu.

ERDBEER-MÜSLI MIT GEPUFFTEM QUINOA

Zutaten für 2 Gläser à 300 ml

150 g Erdbeeren,
1 Vanilleschote,
200 ml Sojamilch,
6 EL Haferflocken,
6 EL gepuffter Quinoa,
125 g Sojajoghurt

Zubereitung *ca. 15 Min.*
Ruhezeit *ca. 12 Std.*

1. Erdbeeren waschen, verlesen, trocken tupfen und fein pürieren. Vanilleschote längs aufschneiden, Mark herauskratzen und zur Hälfte unter das Erdbeerpüree mischen. Restliches Vanillemark mit Sojamilch verrühren.

2. Haferflocken, Quinoa und Sojajoghurt in sterilisierte Gläser geben und mit Vanillemilch aufgießen. Alles gut vermengen. Erdbeerpüree auf dem Müsli verteilen und Gläser verschließen. Im Kühlschrank mindestens 2 Stunden, besser noch über Nacht ziehen lassen.

Tipp Gepufften Quinoa erhalten Sie beispielsweise in Reformhäusern und Drogeriemärkten. Sie können ihn aber auch selbst herstellen: 1 Esslöffel Öl und so viele Quinoakörner in einen Topf geben, dass der der Boden bedeckt ist. Mit leicht aufgelegtem Deckel erhitzen, dabei Topf immer wieder schwenken, sobald die Körner anfangen zu poppen. Sind sie fertig, einfach in eine Schüssel umfüllen.

QUARK-KOKOS-MÜSLI

Zutaten für 1 Portion

1 Banane,
20 g Kokosraspel,
20 g Haferflocken,
125 g Quark,
1 EL Sahne,
20 g Agavendicksaft

Zubereitung *ca. 15 Min.*

1. Banane schälen, der Länge nach halbieren und in Scheiben schneiden. Kokosraspel und Haferflocken in einer Pfanne ohne Fettzugabe anrösten. Quark mit Sahne und Agavendicksaft vermischen.

2. Kokosraspeln, Haferflocken und Banane mit der Quarkmischung in ein sterilisiertes Einmachglas schichten und bis zum Verzehr kalt stellen.

Info Haferflocken gibt es in verschiedenen Varianten – von kernig bis zart. Entsprechend unterschiedlich sind die Zeiten, bis die Flocken weich werden. Um seinen „Lieblingshärtegrad" zu finden, muss man daher ein bisschen experimentieren. Nur bei Schmelzflocken ist die Sache klar, denn sie lösen sich nach Zugabe von Flüssigkeit auf und verwandeln sich in trinkbaren Brei für Babys und Kranke.

KÜRBIS-CHIA-OVERNIGHT-OATS

Zutaten für 1 Portion

160 g Kürbispüree (z. B. Hokkaidokürbis),
1 TL Zimt,
2 TL Kokosblütensirup,
1 Banane, 2 EL Chia-Samen,
4 EL Haferflocken,
2 TL Hanfproteinpulver,
120 ml Mandelmilch,
etwas Joghurt nach Belieben,
grob gehackte Mandeln und Schokoraspel für die Garnitur

Zubereitung *ca. 15 Min.*

Ruhezeit *ca. 12 Std.*

1. Kürbispüree mit ½ Teelöffel Zimt und 1 Teelöffel Kokosblütensirup gut verrühren. Banane schälen und zerdrücken, Chia-Samen, Haferflocken, Hanfproteinpulver, restlichen Kokosblütensirup, restlichen Zimt, Mandelmilch und 100 Milliliter Wasser zugeben und alles gut verrühren.

2. Chia-Oats mit Kürbispüree und nach Belieben etwas Joghurt verrühren. Über Nacht zugedeckt im Kühlschrank kalt stellen, mit grob gehackten Mandeln und Schokoraspeln garnieren und bis zum Verzehr kalt stellen.

Tipp Für das Kürbispüree Backofen auf 180 °C (Umluft: 160 °C) vorheizen. Kürbis entkernen und in Stücke schneiden, auf ein mit Backpapier belegtes Backblech legen und ca. 20 Minuten weich garen. Mit dem Stabmixer fein pürieren. Oder Kürbisfleisch in Würfel schneiden und in wenig Wasser ca. 20 Minuten weich dünsten und mit einer Gabel zu Püree zerdrücken.

VANILLE-PORRIDGE MIT HIMBEEREN

Zutaten für 1 Portion

60 ml Milch,
50 g feine Haferflocken,
Vanille aus der Mühle,
Zimt und nach Belieben etwas Zimt zum Bestreuen,
1 TL Honig,
100 g Himbeeren

Zubereitung *ca. 20 Min.*

1. Milch und 160 Milliliter Wasser in einem Topf aufkochen. Vom Herd nehmen und Haferflocken einrühren. Mit Vanille, Zimt und Honig süßen. Ca. 10 Minuten bei geschlossenem Deckel quellen lassen.

2. Himbeeren waschen und verlesen. Porridge vorsichtig mit den Beeren verrühren und in ein Glas füllen. Bis zum Verzehr kalt stellen. Vor dem Essen nach Belieben mit Zimt bestreuen.

Tipp Wer möchte, kann den Honig weglassen und stattdessen mit Agavendicksaft oder Ahornsirup süßen. Porridge schmeckt mit jeder Sorte Obst und ist ein nahrhaftes Frühstück, das vor allem in den angelsächsischen Ländern gerne gegessen wird.

OVERNIGHT OATS MIT BANANE UND MANDELN

Zutaten für 1 Portion

50 g kernige Haferflocken,
10 g Chia-Samen,
100 ml Milch,
1 Banane,
1 EL geraspelte Mandeln,
1 EL Kokosraspel

Zubereitung *ca. 10 Min.*
Ruhezeit *ca. 12 Std.*

1. Haferflocken in eine Schüssel geben und mit Chia-Samen vermischen, Milch dazugießen und abgedeckt über Nacht in den Kühlschrank stellen.

2. Banane in Scheiben schneiden. Haferflockenmischung mit Bananenscheiben in ein sterilisiertes Einmachglas schichten. Mit Mandeln und Kokosraspeln bestreuen.

Info Auf diesem dekorativen Schichtprinzip basieren auch Müsli- oder Kuchen- und Keksbackmischungen in Gläsern, die es inzwischen in vielen Supermärkten und Einrichtungsläden zu kaufen gibt. Wie die Verrines (siehe S. 8) sind sie, ansprechend in ihre Bestandteile getrennt, in Gläsern angeordnet. Im Gegensatz zu den Verrines jedoch, die zum sofortigen Verzehr gedacht sind, können die Müsli- und Backmischungen im Glas lange aufgehoben werden. Haltbar sind sie, da ihnen jegliche Flüssigkeit fehlt. Diese muss dann bei der Zubereitung erst noch hinzugefügt werden.

JOGHURT MIT GRANOLA UND BEEREN

Zutaten für 2 Portionen

150 g griechischer Joghurt,
150 g fettarmer Joghurt,
2 EL Honig,
250 g Himbeeren und Blaubeeren,
12 EL Granola (siehe S. 110)

Zubereitung *ca. 15 Min.*

1. Beide Joghurts mit Honig verrühren. Himbeeren und Blaubeeren waschen und verlesen.

2. Granola in ein sterilisiertes Einmachglas füllen, Joghurt und Beeren darübergeben und ca. 10 Minuten durchziehen lassen. Bis zum Verzehr kalt stellen.

Tipp Granola ist die amerikanische und weniger süße Variante von Knuspermüsli und gehört in den USA zu einem typischen Frühstück. Hierbei verzichtet man auf extra Zucker und süßt stattdessen mit Honig oder Sirup.

KLASSISCHES PORRIDGE MIT ZIMT

Zutaten für 2 Portionen

100 g Haferflocken,
500 ml Milch,
10 g Butter,
Zimt,
Zucker

Zubereitung *ca. 20 Min.*

1. Haferflocken mit Milch und Butter vorsichtig in einer Pfanne erhitzen. Flüssigkeit ca. 10 Minuten unter ständigem Rühren einreduzieren lassen. Das Ganze ca. 5 Minuten auf der ausgeschalteten Herdplatte nachquellen lassen.

2. Porridge in sterilisierte Einmachgläser füllen. Mit Zucker und Zimt abschmecken und bis zum Verzehr kalt stellen.

Tipp Porridge ist ein ursprünglich aus Schottland stammender Haferbrei, der nicht nur zum Frühstück, sondern auch zum Mittag- oder Abendessen verzehrt wurde. Wurden früher Milch, Sahne oder Buttermilch separat auf den Tisch gestellt, werden die Hafer- oder Dinkelflocken heute direkt mit Milch vermengt. Möchten Sie Kalorien einsparen oder leiden Sie unter einer Laktoseintoleranz, können Sie statt Milch auch einfach Wasser nehmen. Gewürze wie Vanille und Zimt sorgen auch mit nur wenig oder gar keinem Zucker für eine süße Note.

HAFERFLOCKEN-GRIESSBREI

Zutaten für 1 Portion

4 EL Haferflocken,
4 EL Weichweizengrieß,
1 Banane,
1 TL Zimt,
1 Msp. Ingwerpulver,
1 kleine Tasse Milch,
Honig

Zubereitung *ca. 15 Min.*

1. Haferflocken und Weichweizengrieß in einen kleinen Topf geben. Banane schälen und in Scheiben schneiden, Zimt und Ingwerpulver darüberstreuen.

2. Mit Milch aufgießen, sodass alle Zutaten bedeckt sind. Kurz aufkochen lassen und bei mittlerer Hitze köcheln lassen, bis der Brei die gewünschte Konsistenz angenommen hat. Dabei regelmäßig umrühren.

3. Abkühlen lassen, mit etwas Honig süßen und in ein sterilisiertes Einmachglas füllen. Bis zum Verzehr kalt stellen.

KOKOS-MANGO-MÜSLI

Zutaten für 1 Portion

150 g fettarmer Joghurt,
Vanille,
15 g Honig,
40 g Vollkorngetreideflocken,
½ Mango,
1 EL Kokosraspel

Zubereitung *ca. 20 Min.*

1. Joghurt mit Vanille und Honig verrühren. Mit zwei Dritteln der Vollkorngetreideflocken vermischen und ca. 15 Minuten quellen lassen.

2. Mango schälen. Fruchtfleisch vom Stein lösen und in kleine Würfel schneiden. Einige Stücke unter die Müsli-Joghurt-Mischung mengen.

3. Joghurtmüsli in ein sterilisiertes Einmachglas füllen und übrige Flocken, Kokosraspeln und Mangostücke darübergeben.

Tipp Das Müsli lässt sich mit jeder Sorte Obst beliebig variieren. Zum Mitnehmen ungeeignet sind jedoch Kiwis, da sie den Joghurt bei längerer Ziehzeit bitter machen.

Smoothies

HIMBEER-SMOOTHIE

Zutaten für 2 Portionen

150 g Himbeeren (frisch oder TK-Produkt),
einige Blaubeeren für die Garnitur,
200 g Aprikosen,
2 EL Himbeersirup

Zubereitung *ca. 10 Min.*

1. Frische Himbeeren und Blaubeeren waschen, verlesen und trocken tupfen. Aprikosen kreuzweise einritzen, mit kochendem Wasser überbrühen, kurz ziehen lassen, die Haut abziehen und Aprikosen entsteinen. Fruchtfleisch grob klein schneiden.

2. Einige Himbeeren für die Garnitur beiseitestellen. Restliche Himbeeren, Aprikosen und Himbeersirup in einen Mixer geben, etwas Wasser zufügen und zu einem cremigen Smoothie pürieren.

3. Nach Belieben mit ca. 100 Milliliter Wasser auffüllen und nochmals kurz mixen. In sterilisierte Gläser füllen, mit einigen Himbeeren und Blaubeeren garnieren, gut verschließen und kühl stellen.

Tipp Glas hat viele Vorteile, aber auch einen Nachteil: Es ist schwer! Eine leichtere Alternative bieten Kunststoff-Einmachgläser. Sie sind nicht ganz so umweltfreundlich wie ihre Pendants aus Glas, aber oft aus recyceltem Plastik hergestellt und frei von Bisphenol A (BPA), einem hormonellen Schadstoff, der in Plastikprodukten vorkommen kann. Reinigen können Sie diese Plastikgläser problemlos in der Spülmaschine. Für Salate im Glas gibt es hierbei auch spezielle Gläser mit einem extra Einsatz für das Dressing!

APFEL-BANANEN-SMOOTHIE MIT ZIMT

Zutaten für 1 Portion

1 Banane,
1 Apfel,
100 ml Mandelmilch,
½ TL Zimt und etwas Zimt zum Bestäuben

Zubereitung *ca. 5 Min.*

1. Banane schälen und klein schneiden. Apfel waschen, halbieren, Kerngehäuse entfernen und Fruchtfleisch klein würfeln.

2. Alle Zutaten in einen Mixer geben und gut pürieren. In ein sterilisiertes Glas füllen, mit etwas Zimt bestäuben, gut verschließen und kühl stellen.

Tipp Mandeln sind ein echtes Superfood, und auch Mandelmilch – ohne Zucker – ist eine tolle Alternative zu konventioneller Kuhmilch. Sie ist cholesterinfrei, enthält keine tierischen Fette und ist ideal bei Lebensmittelunverträglichkeiten. Denn die süßlich nussige Mandelmilch ist laktose- und glutenfrei.

GRÜNER SPINAT-SMOOTHIE

Zutaten für 2 Portionen

200 g Babyspinat,
1 Apfel,
1 Banane,
½ TL Kokosöl,
100 ml Apfelsaft

Zubereitung *ca. 10 Min.*

1. Spinat waschen und trocken schütteln. Apfel waschen, halbieren, Kerngehäuse entfernen und Fruchtfleisch würfeln. Banane schälen und klein schneiden.

2. Alle Zutaten mit ca. 100 Milliliter Wasser in einen Mixer geben und fein pürieren. In sterilisierte Gläser füllen, gut verschließen und kühl stellen.

Tipp Dieser grüne Smoothie ist genau das Richtige für Smoothie-Einsteiger. Als grüne Grundlage dient Babyspinat, Apfel und Banane sind tolle Ergänzungen. Wer nachsüßen möchte, kann Agavendicksaft oder Honig verwenden. Bei reifem Obst reicht der natürliche Fruchtzucker aber meist aus.

BEEREN-JOGHURT-SMOOTHIE

Zutaten für 1 Portion

85 g Himbeeren,
40 g Blau- bzw. Heidelbeeren,
230 g Naturjoghurt,
1 TL Honig

Zubereitung *ca. 10 Min.*

Himbeeren und Heidelbeeren waschen, verlesen und trocken tupfen. Alle Zutaten in einen Mixer geben und kräftig durchmixen. In ein sterilisiertes Glas füllen, gut verschließen und kühl stellen.

Tipp Bei Smoothies gilt zwar grundsätzlich: je frischer, desto besser. Gut verschlossen, kühl und dunkel gelagert, halten sich süße Smoothies jedoch 12–24 Stunden, grüne Smoothies sogar bis zu 3 Tage.

MANGO-BANANEN-SMOOTHIE

Zutaten für 4 Portionen

1 Mango,
1 Banane,
500 g Naturjoghurt,
250 ml Orangensaft,
1 EL Honig

Zubereitung *ca. 10 Min.*

1. Mango schälen, halbieren und entkernen. Fruchtfleisch würfeln. Banane schälen und klein schneiden.

2. Obst und Naturjoghurt im Mixer fein pürieren. Orangensaft und Honig zufügen und nochmals kurz mixen. In sterilisierte Gläser füllen, gut verschließen und kühl stellen.

Tipp Obst und Gemüse kann man auch am Wochenende vorbereiten, d. h. schälen, entkernen, klein schneiden etc., es in einen Gefrierbeutel verpackt tiefkühlen und am nächsten Morgen pürieren und in Gläser füllen.

TOMATEN-SELLERIE-SMOOTHIE

Zutaten für 2–3 Portionen

1 Handvoll Tomaten,
½ Stange Sellerie,
1 kleines Stück Fenchel,
1 Möhre,
¼ Zwiebel,
1 Knoblauchzehe,
1 TL Olivenöl,
½ TL Chilipaste,
etwas Salz und Pfeffer nach Belieben

Zubereitung *ca. 15 Min.*

1. Tomaten, Sellerie, Fenchel und Möhre waschen und klein schneiden. Zwiebel und Knoblauch schälen.

2. Gemüse mit 150 Millilitern Wasser, Olivenöl und Chilipaste in einen Mixer geben und gut pürieren. Mit Salz und Pfeffer abschmecken. In sterilisierte Gläser füllen, gut verschließen und kühl stellen.

Tipp Statt mit Salz und Pfeffer können Sie Ihrem Smoothie auch mit etwas Sojasoße und 1 Esslöffel Hefeflocken Würze verleihen. Seien Sie jedoch vorsichtig und nehmen Sie hiervon nicht zu viel, damit das Ganze nicht zu salzig wird. Auch mit einem Spritzer Limettensaft können Sie den Smoothie abschmecken.

APFEL-KIWI-SMOOTHIE

Zutaten für 1 Portion

1 Apfel,
2 Kiwis,
1 Stange Sellerie,
2 EL Limettensaft,
2–3 Blätter Minze

Zubereitung *ca. 10 Min.*

1. Apfel waschen, halbieren, Kerngehäuse entfernen und Fruchtfleisch klein würfeln. Kiwis schälen und Fruchtfleisch ebenfalls klein würfeln. Sellerie waschen, trocken tupfen und in Stücke schneiden.

2. Obst und Sellerie in einen Mixer geben und mit Limettensaft pürieren. Minze waschen und trocken schütteln.

3. Minze und ca. 100 Milliliter Wasser zufügen und alles zu einem cremigen Smoothie mixen. In ein sterilisiertes Glas füllen, gut verschließen und kühl stellen.

Tipp Der Vakuumtrick, der eingemachtes Obst und Gemüse sehr lange in den Einweckgläsern haltbar macht, funktioniert beim Lunch im Glas leider nur bedingt. Achten Sie daher so weit wie möglich auf eine durchgängige Kühlkette!

HEIDELBEER-INGWER-SMOOTHIE

Zutaten für 1 Portion

1 Handvoll Blau- bzw. Heidelbeeren (frisch oder TK-Produkt),
1 Apfel,
2 Orangen,
½ Zitrone,
1 Stück Ingwer (1 cm),
etwas Minze zum Dekorieren

Zubereitung *ca. 10 Min.*

1. Frische Blau- bzw. Heidelbeeren waschen, verlesen und trocken tupfen. Apfel waschen, halbieren, Kerngehäuse entfernen und Fruchtfleisch klein würfeln. Orangen und Zitrone auspressen und Saft auffangen. Ingwer schälen und grob hacken.

2. Einige Blau- bzw. Heidelbeeren für die Dekoration beiseitestellen. Restliche Früchte mit übrigen Zutaten in einen Mixer geben und kräftig pürieren.

3. In ein sterilisiertes Glas füllen, verschließen und kühl stellen. Vor dem Trinken nach Belieben mit Minze und Heidelbeeren dekorieren.

Tipp Ingwer hilft bei der Reinigung und Entgiftung des gesamten Verdauungstrakts. Seine stark antibakterielle Wirkung kann den Körper vor Krankheitserregern schützen. In Kombination mit frischem Obst und Zitrone schmeckt die scharfe Knolle außerdem richtig lecker.

EXOTIK-SMOOTHIE

Zutaten für 2 Portionen

1 kleine Ananas,
1 kleine Mango,
1 Banane,
1 Orange,
250 ml Orangensaft

Zubereitung *ca. 15 Min.*

1. Ananas schälen, Strunk herausschneiden und Fruchtfleisch würfeln. Mango schälen, halbieren und entkernen. Fruchtfleisch würfeln.

2. Banane schälen und klein schneiden. Orange schälen, weiße Haut entfernen und Orange in Scheiben schneiden.

3. Obst zusammen mit Orangensaft in einen Mixer geben und fein pürieren. In sterilisierte Gläser füllen, verschließen und kühl stellen.

Tipp Angenehm süß schmeckt der Smoothie, wenn die Früchte richtig reif sind. Wem die Süße nicht reicht, der kann mit etwas Honig oder Agavendicksaft nachsüßen. Köstlich schmeckt der Exotik-Smoothie auch, wenn er mit 1 Esslöffel Kokosmilch verfeinert wird.

WASSERMELONEN-ERDBEER-SMOOTHIE

Zutaten für 2 Portionen

400 g Wassermelone,
200 g Erdbeeren,
1 EL Honig

Zubereitung *ca. 10 Min.*

1. Fruchtfleisch der Wassermelone aus der Schale schneiden, Kerne entfernen und Fruchtfleisch grob würfeln. Erdbeeren waschen, trocken tupfen und halbieren.

2. Alle Zutaten mit 200 Milliliter Wasser in einen Mixer geben und pürieren. In sterilisierte Gläser füllen, verschließen und kühl stellen.

Tipp Verarbeiten Sie Wassermelonen am besten möglichst frisch. Wenn man sie vorher länger stehen lässt, schmecken sie weniger erfrischend und fruchtig.

ROTE-BETE-BIRNEN-SMOOTHIE

Zutaten für 1 Portion

1 kleine Knolle Rote Bete,
1 Birne,
Saft von ½ Zitrone,
Honig

Zubereitung *ca. 5 Min.*

1. Rote Bete schälen und grob würfeln. Birne schälen, halbieren, Kerngehäuse entfernen und Fruchtfleisch grob würfeln.

2. Obst und Gemüse mit Zitronensaft und ca. 150 Milliliter Wasser in einen Mixer geben und schaumig pürieren. Mit Honig süßen und nochmals kurz mixen. In ein sterilisiertes Glas füllen, verschließen und kühl stellen.

Tipp Denken Sie daran, dass zu hohe Temperaturunterschiede auch bei dicken Einweckgläsern zu Glassprung führen können. Bei der Sterilisierung der Gläser sowie beim Einfüllen von heißen Speisen können Sie dem vorbeugen, indem Sie das Glas langsam erwärmen und es so der heißen Temperatur annähernd anpassen.

SCHWARZWÄLDER-KIRSCH-SMOOTHIE

Zutaten für 2 Portionen

200 g Kirschen,
200 g griechischer Joghurt,
2 EL Schokoladensirup,
50 g Zartbitterschokolade und
etwas fein gehackte Schokolade für die Garnitur,
Mandelmilch nach Belieben,
Minzeblättchen für die Garnitur

Zubereitung *ca. 10 Min.*

1. Kirschen waschen, entstielen und entsteinen. Mit Joghurt, Sirup und fein gehackter Schokolade in einen Mixer geben und cremig pürieren.

2. Mandelmilch nach Belieben zugeben und nochmals kurz mixen. In sterilisierte Gläser füllen, verschließen und kühl stellen. Vor dem Genießen mit Minze und etwas gehackter Schokolade dekorieren.

Tipp Soforttrinker-Tipp: Mit Eiswürfeln ist der Schwarzwälder-Kirsch-Smoothie an heißen Sommertagen eine köstliche Erfrischung. Ausgezeichnet schmeckt er auch mit Vanilleeis: Dazu 50 Gramm Schokolade fein hacken. 3 Kugeln Vanilleeis, 200 Gramm Joghurt, 50 Milliliter Mandelmilch und 100 Gramm gewaschene, entsteinte Kirschen in einen Mixer geben und pürieren. In eisgekühlte Gläser füllen, gehackte Schokolade darüberstreuen und kalt genießen.

Desserts und Gebäck

KÄSEKUCHEN IM GLAS

Zutaten für 2 Portionen

30 g Kekse,
15 g Butter, 25 g Mandeln,
80 g Quark, 65 g Frischkäse,
3 EL Puderzucker,
½ Pck. Vanillezucker,
100 g Erdbeeren oder Himbeeren,
weiße Schokolade nach Belieben

Zubereitung *ca. 30 Min.*
Kühlzeit *ca. 30 Min.*

1. Backofen auf 180 °C (Umluft: 160 °C) vorheizen. Kekse fein zerbröseln. Butter schmelzen, mit Mandeln und Keksbröseln gut vermengen.

2. Masse in einer kleinen Backform ca. 10 Minuten im vorgeheizten Backofen backen. Fertigen Keksboden beiseitestellen und auskühlen lassen.

3. Quark und Frischkäse vermischen und mit ½ Esslöffel Puderzucker und Vanillezucker süßen. Beeren waschen, klein schneiden und mit restlichem Puderzucker vermischen. In einem Topf kurz aufkochen lassen. Nach dem Abkühlen ca. 30 Minuten in den Kühlschrank stellen, damit die Beerenmousse etwas ausgeliert.

4. Abwechselnd dünne Schichten Creme und Keksmasse in sterilisierte Gläser füllen. Beeren aus dem Kühlschrank nehmen und gut durchrühren. Als oberste Schicht in die Gläser füllen. Dessert nach Belieben mit weißen Schokoladestückchen garnieren. Bis zum Genießen kalt stellen.

ETON MESS

Zutaten für 2 Portionen

80 g Erdbeeren,
1 ½ Pck. Vanillezucker,
150 g saure Sahne,
100 g Crème fraîche,
10 g Baiser

Zubereitung *ca. 15 Min.*

1. Erdbeeren waschen, verlesen, vierteln oder in Scheiben schneiden und mit einem halben Päckchen Vanillezucker bestreuen. Ca. 10 Minuten ziehen lassen.

2. Saure Sahne, Crème fraîche und restlichen Vanillezucker gut miteinander verrühren. Baiser grob zerbröseln.

3. Beginnend mit der Sahnemischung, Sahne, Erdbeeren und Baiser in Schichten in sterilisierte Gläser füllen. Dabei darauf achten, dass die Beeren und das Baiser nicht zu sehr gedrückt werden. Bis zum Verzehr kalt stellen.

Tipp „Mess" bedeutet im Englischen Durcheinander. Wer das Aussehen des Desserts variieren möchte, kann auch mit farbigem Baiser arbeiten.

CHIA-PUDDING MIT GRANATAPFEL

Zutaten für 1 Portion

4 EL Chia-Samen,
250 ml Milch,
Zimt,
Vanille,
Agavendicksaft,
1 Kiwi,
2 EL Granatapfelkerne

Zubereitung *ca. 10 Min.*
Ruhezeit *ca. 4 Std.*

1. Chia-Samen mit Milch, Zimt, Vanille und Agavendicksaft verrühren. Mindestens 4 Stunden quellen lassen und Mischung in ein sterilisiertes Glas füllen.

2. Kiwi schälen und klein schneiden. Kiwi und Granatapfelkerne auf dem Pudding verteilen. Bis zum Essen kalt stellen.

Tipp Damit die Kerne sich leichter aus dem Granatapfel lösen lassen, rollt und knetet man die Frucht auf der Arbeitsfläche am besten etwas durch. Danach mit einem scharfen Messer halbieren und die Kerne mit einem Löffel herausklopfen.

AMARETTINI-DESSERT

Zutaten für 2 Portionen

50 g Sahne,
1 TL Vanillezucker,
1 TL Zucker,
125 g Quark,
60 g Amarettini,
150 g Blaubeeren

Zubereitung *ca. 15 Min.*

1. Sahne mit Vanillezucker und Zucker in einer Schüssel steif schlagen. In einer weiteren Schüssel Quark glatt rühren. Sahne unter den Quark heben.

2. Amarettini in einen Beutel füllen, gut verschließen und mit einem Nudelholz zu groben Bröseln verarbeiten.

3. Blaubeeren waschen, verlesen und grob pürieren. Amarettinibrösel in sterilisierte Gläser geben und mit Quark-Sahne-Creme bedecken, eine Schicht pürierte Blaubeeren daraufgeben. Wiederholen, bis die Gläser gefüllt sind. Bis zum Verzehr kalt stellen.

SCHOKOLADEN-PANNACOTTA

Zutaten für 2 Portionen

1 Blatt weiße Gelatine,
160 g Sahne,
1 EL brauner Zucker,
Lebkuchengewürz,
30 g dunkle Kuvertüre,
1 EL gehackte Haselnusskerne,
1 EL Puderzucker

Zubereitung *ca. 30 Min.*
Kühlzeit *ca. 4 Std.*

1. Gelatine nach Packungsanweisung in kaltem Wasser einweichen. Sahne, Zucker und 1 Prise Lebkuchengewürz in einem Topf aufkochen und bei mittlerer Hitze ca. 10 Minuten köcheln lassen. Kuvertüre fein hacken.

2. Topf vom Herd nehmen, Kuvertüre zugeben und unter Rühren in der heißen Sahnemischung schmelzen lassen. Gelatine gut ausdrücken und in der Creme auflösen. Masse in eine Schüssel füllen und abkühlen lassen, bis sie eindickt.

3. Haselnusskerne in einer Pfanne ohne Fettzugabe anrösten, abkühlen lassen und unter die Schokomasse rühren. In Gläser füllen und mindestens 4 Stunden kalt stellen.

Süße Aufstriche

Wer es süß mag und es sich leicht machen will, greift – nicht nur zum Nachtisch – zu Backwaren wie Brot, Brötchen, Toast oder Croissants und einem süßen Aufstrich seiner Wahl.

Kürbisbutter

Für 5 Gläser (à 225 ml): 820 Gramm Kürbispüree, 100 Gramm Zucker, 100 Gramm braunen Zucker, 240 Milliliter Apfelsaft, 2 Teelöffel Zimt, 1 Teelöffel Ingwer, 3/4 Teelöffel frisch geriebenen Muskat und 1/2 Teelöffel Nelkenpulver in einer geeigneten Schüssel vermischen. Lose abdecken und auf hoher Stufe ca. 6 Minuten in der Mikrowelle kochen. Umrühren, ca. 6 Minuten kochen, umrühren, ca. 3 Minuten weiterkochen und umrühren. 2 Teelöffel frisch gepressten Zitronensaft einrühren, vollständig abkühlen lassen und in Gläser füllen.

Erdnussbutter

Für 1 Glas (à 300 ml): 230 Gramm ungesalzene, geröstete Erdnüsse mit 2 Esslöffeln Erdnussöl, 1 Prise Salz und 1 Esslöffel Agavendicksaft im Mixer zerkleinern. In ein Glas füllen und im Kühlschrank aufbewahren.

Nuss-Nugat-Creme

Für 1–2 Gläser (à 200 ml): 60 Gramm gehackte Haselnüsse im Blitzhacker oder mit dem Pürierstab zu einer cremigen Masse pürieren. 150 Gramm Vollmilch- oder Zartbitterschokolade mit 70 Gramm Butter in einem Topf schmelzen, 100 Milliliter Milch zugeben und 90 Gramm gesiebten Puderzucker unterrühren. Nussmasse ebenfalls unterrühren, bis eine geschmeidige Creme entstanden ist. In Gläser abfüllen und abkühlen lassen.

Lemon Curd

Für 3 Gläser (à 200 ml): 4 unbehandelte Zitronen heiß waschen, trocken reiben und Schale abreiben. Saft auspressen und 150 Milliliter Saft abmessen. Zitronensaft und -schale mit 225 Gramm Zucker, 3 Eiern, 75 Gramm Butter, 2 Päckchen Vanillinzucker und 1 gestrichenen Teelöffel Speisestärke bei mittlerer Hitze unter Rühren zum Kochen bringen. Heiße Masse bis zum Rand in Schraubdeckelgläser füllen, verschließen, abkühlen lassen und im Kühlschrank aufbewahren.

MILCHREIS MIT ERDBEEREN

Zutaten für 2 Portionen

350 ml fettarme Milch,
2 Tropfen Buttervanillearoma,
100 g Milchreis,
2 TL Zucker,
200 g Erdbeeren,
Baiserstückchen für die Garnitur

Zubereitung *ca. 50 Min.*

1. Milch mit Vanillearoma aufkochen, Milchreis einrühren und ca. 30 Minuten bei niedriger Hitze quellen lassen. Mit 1 Teelöffel Zucker abschmecken und abkühlen lassen.

2. Erdbeeren waschen, trocken tupfen und klein schneiden. Erdbeeren pürieren und mit restlichem Zucker kurz aufkochen.

3. Milchreis in Gläser füllen, Erdbeersoße darübergeben und mit Baiserstückchen garnieren. Bis zum Verzehr kalt stellen.

Tipp Entweder Sie kaufen sich ein Glas in der passenden Größe oder Sie entscheiden sich dafür, gekaufte Gläser mit eingemachtem Gemüse oder Marmeladengläser zu reinigen und wiederzuverwenden.

OBSTSALAT MIT JOGHURT

Zutaten für 1 Portion

1 Nektarine,
50 g Himbeeren und Blaubeeren,
1 TL Zitronensaft,
1 TL Orangensaft,
25 g Joghurt,
25 g Doppelrahmfrischkäse,
Minzeblättchen für die Garnitur

Zubereitung *ca. 15 Min.*

1. Nektarine waschen, entkernen und in Stücke schneiden, Beeren waschen und verlesen. Zitronen- und Orangensaft mit Joghurt und Frischkäse verrühren.

2. Früchte und Creme im Wechsel in ein sterilisiertes Glas schichten und mit Minzeblättchen garnieren. Bis zum Verzehr im Kühlschrank aufbewahren.

Tipp Wenn Sie dem Obstsalat noch 2 Esslöffel Müsli zugeben, wird die Mischung richtig schön knackig.

BANANEN-TRAUM

Zutaten für 1 Portion

3 EL Frischkäse,
3 EL Joghurt,
Zucker,
Zitronensaft,
2 Löffelbiskuits,
1 Banane,
Schokoladenstückchen

Zubereitung *ca. 10 Min.*

1. Frischkäse und Joghurt gut vermengen und glatt rühren. Creme mit Zucker und Zitronensaft abschmecken.

2. Eine Schicht zerkrümelte Löffelbiskuits in ein sterilisiertes Glas geben, Creme darüber verteilen.

3. Banane schälen, in Scheiben schneiden und zugeben. Mit der restlichen Creme bedecken. Mit Schokoladenstückchen bestreuen und bis zum Verzehr kalt stellen.

Tipp Schmale Gläser eignen sich in der Regel besser zum Transport. Dafür haben breitere Gläser eine größere Öffnung, was zum einen das Einfüllen und zum anderen das Essen aus dem Glas erleichtert.

SCHOKO-KIRSCH-DESSERT

Zutaten für 2 Portionen

125 ml Milch,
½ Pck. Schokopuddingpulver,
2 ½ EL Zucker,
½ Glas Kirschen,
125 g Sahne,
Schokoraspel

Zubereitung *ca. 25 Min.*
Kühlzeit *ca. 3 Std.*

1. Aus Milch, Puddingpulver und 1 ½ Esslöffel Zucker nach Packungsanweisung Schokopudding zubereiten und abkühlen lassen.

2. Kirschen über einem Sieb abtropfen lassen, einige davon für die Garnitur beiseitestellen. Sahne steif schlagen und mit restlichem Zucker süßen.

3. Schokopudding und Kirschen abwechselnd in sterilisierte Gläser schichten. Mit einer Spritztülle Sahne aufspritzen und mit Schokoladeraspeln und Kirschen verzieren. In den Kühlschrank stellen und kalt genießen.

SCHOKOLADENKUCHEN

Zutaten für 3 Portionen

150 g Vollmilchschokolade,
100 g dunkle Schokolade,
200 g Butter,
5 Eier,
120 g Puderzucker und
etwas Puderzucker zum Bestäuben

Zubereitung *ca. 50 Min.*

1. Backofen auf 180 °C (Umluft: 160 °C) vorheizen. Schokolade über dem Wasserbad, Butter in einer Pfanne schmelzen lassen.

2. Eier mit Puderzucker verrühren. Eimischung mit flüssiger Butter und Schokolade vermengen. Flüssigen Teig in ofenfeste Gläser füllen. Im vorgeheizten Backofen ca. 25–30 Minuten backen. Kuchen mit etwas Puderzucker bestäuben und vor dem Essen abkühlen lassen.

Tipp Die Backzeit variiert je nach Gläserhöhe stark. Deshalb während des Backens immer wieder kontrollieren. Die Kuchen sollten nicht zu fest und trocken werden.

APFEL-TRIFLE

Zutaten für 2 Gläser à 400 ml

50 g Vollkornkekse, 25 g Butter,
½ TL Vanillezucker, Salz,
500 g säuerliche Äpfel,
Zitronensaft, 1 EL Zucker,
50 g Sahne, ½ Pck. Sahnesteif,
1 EL Puderzucker, 100 g Mascarpone,
etwas Zimt zum Bestreuen

Zubereitung *ca. 30 Min.*
Kühlzeit *ca. 4 Std.*

1. Kekse zerbröseln und in der Küchenmaschine fein mahlen. Butter in einem kleinen Topf schmelzen lassen, vom Herd nehmen und zusammen mit Vanillezucker sowie 1 Prise Salz mit den Keksbröseln vermischen.

2. Keksmasse auf zwei sterilisierte Gläser verteilen und etwas andrücken. In den Kühlschrank stellen und fest werden lassen.

3. Äpfel schälen, halbieren, Kerngehäuse entfernen und Äpfel in Würfel schneiden. Mit Zitronensaft beträufeln und mit Zucker bestreuen.

4. Sahne mit Sahnesteif und Puderzucker steif schlagen. Mascarpone cremig rühren und Sahne unterheben.

5. Gläser aus dem Kühlschrank nehmen und Äpfel und Mascarponecreme schichtweise einfüllen. Mindestens 4 Stunden im Kühlschrank kalt stellen und mit etwas Zimt bestreuen.

REZEPTREGISTER

REZEPTREGISTER

Bildnachweis

Shutterstock: 2 li. Liliya Kandrashevich; 2 re. ESstock; 3 li. Magdanatka; 3 re. Barbara Neveu; 5 Tatiana Vorona; 6 Irina Suglobova; 10 o. li. David Mzareulyan; 10 o. re. Olga Miltsova; 10 u. Hans Geel; 14 o., u. li., u. re. Tatiana Vorona; 21 Bisual Photo; 23 o. li. fotoknips; 23 o. re. ffolas; 23 u. li. EKramar; 23 u. re. Bogatova Anastasia; 25 TunedIn by Westend61; 26 Katerina Belaya; 27 o. Chursina Viktoriia; 27 u. vsl; 29 olepeshkina; 31 li. Djero Adlibeshe; 31 M. Lana_M; 31 re. muh23; 33 Barbara Neveu; 35 larik_malasha; 37 o. li. Claudio Divizia; 37 o. re. Kathy BurnsMillyard; 37 u. li. Dar1930; 37 u. re. tugolukof; 39 napadons; 43 o. li. Ekaterina Balandina; 43 o. re. DenisFilm; 43 u. li. ULKASTUDIO; 43 u. re. Liliya Kandrashevich; 45 Tanya Stolyarevskaya; 47 o. li. Diana Taliun; 47 o. re., u. li. Ina Ts; 47 u. re. merc67; 49 Ekaterina Markelova; 51 re. Ollinka; 51 li. Kozlenko; 53 ILEISH ANNA; 55 o. li. Lana_M; 55 o. re. Nataliya Arzamasova; 55 u. li. Andrey Starostin; 55 u. re. KucherAV; 57 Nataliya Arzamasova; 58 marysckin; 59 o. JGPhoto76; 59 u. Anna Ewa Bieniek; 61 li. juninatt; 61 M. Laborant; 61 re. Amallia Eka; 63 K2 PhotoStudio; 67 Daria Saveleva; 69 li. Lukas Gojda; 69 M. Travel_Master; 69 re. kungverylucky; 71 Nemanja Tesic; 72 Elena Veselova; 73 o., u. Elena Veselova; 75 o. ESstock; 75 u. li. YuSev; 75 u. re. PG Studija; 77 zoryanchik; 79 Magdanatka; 81 li. Andrew Riverside; 81 M. MsMaria; 81 re. benjaminec; 83 Barbara Neveu; 85 o. li. Africa Studio; 85 o. re. al1962; 85 u. li. HandmadePictures; 85 u. re. TalyaAL; 89 Daria Saveleva; 91 o. li. Elena Veselova; 91 o. re. GANNA MARTYSHEVA; 91 u. li. kungverylucky; 91 u. re. Steve Lovegrove; 93 neil langan; 94 Christian Jung; 95 o. Olyina; 95 u. KucherAV; 97 li. magnola; 97 M. HandmadePictures; 97 re. aga7ta; 99 Natasha Breen; 101 o. Liliya Kandrashevich; 101 u. li. Ozgur Coskun; 101 u. re. Elena Veselova; 103 li. gkrphoto; 103 re. HandmadePictures; 105 Tanya Chudovska; 107 Goskova Tatiana; 111 Olga Miltsova; 113 o. li. Karpenkov Denis; 113 o. re. KseniyaBelova; 113 u. li. Anjo Kan; 113 JeniFoto; 115 Anna Kurzaeva; 117 li. Zb89V; 117 re. Ramon Martinez; 119 Nataliya Arzamasova; 121 o. Herrndorff; 121 u. li. Nitr; 121 u. re. JeniFoto; 123 o. li, u. re. JeniFoto; 123 u. li. GRISIK NATALIA; 123 o. re. Losangela; 125 Julia Metkalova; 127 NatalyaBond; 129 Svetlana Klementyeva; 133 Igors Rusakovs; 135 o. li. Modestas Stragys; 135 o. re. Elena Veselova; 135 u. Modestas Stragys; 137 Anna_Pustynnikova; 138 ESstock; 141 kuvona; 143 pilipphoto; 145 o. PEPPERSMINT; 145 u. li. ffolas; 145 u. re. Jane Rix; 147 o. li., u. re. Jfanchin; 147 o. re. natashamam; 147 u. li. LeoWolfert; 149 li. Fotografiche; 149 M. Michael Wende; 149 re. Little_Desire; 151 iuliia_n; 155 Alin Lyre; 157 Yulia Grigoryeva; 159 li. Martin Rettenberger; 159 M. Malyugin; 159 re. volodyar; 161 o. mama_mia; 161 u. li. Edgieus; 161 u. re. Marina Shanti; 162 Dream79; 163 o. kobeza; 163 u. sarsmis; 165 Katarzyna Hurova; 167 o. li. Oxana Denezhkina; 167 o. re. nadianb; 167 u. li. Larisa Blinova; 167 u. re. DenisFilm; 169 li. Allyso; 169 M. mitzaS; 169 re. M. Unal Ozmen; 171 o. li. littleny; 171 o. re. TomeK K; 171 u. li. kaband; 171 u. re. Anna Hoychuk; 173 Maxsol; Cover: siehe Innenteil

Impressum

Alle Informationen in diesem Buch wurden mit größter Sorgfalt erarbeitet und geprüft. Weder Herausgeber, Autor noch Verlag können jedoch für Schäden haftbar gemacht werden, die in Zusammenhang mit der Verwendung dieses Buches stehen.

Benzstraße 56, D-71272 Renningen

www.garant-verlag.de

ISBN 978-3-7359-0204-7

Komplettproducing: twinbooks, München

Text und Lektorat: Anja Voss, Andrea Müh, Jana Lösch, Melanie Goldmann für twinbooks, München